Jimdo
Praxiswissen für Einsteiger

Alexander Kerscher

Jimdo
Praxiswissen für Einsteiger

mitp

Bibliografische Information der Deutschen Nationalbibliothek
Die Deutsche Nationalbibliothek verzeichnet diese Publikation in der Deutschen
Nationalbibliografie; detaillierte bibliografische Daten sind im Internet über
<http://dnb.d-nb.de> abrufbar.

Bei der Herstellung des Werkes haben wir uns zukunftsbewusst für umweltverträgliche
und wiederverwertbare Materialien entschieden.
Der Inhalt ist auf elementar chlorfreiem Papier gedruckt.

ISBN 978-3-95845-334-0
1. Auflage 2016

http://www.mitp.de
E-Mail: mitp-verlag@sigloch.de
Telefon: +49 7953 / 7189 - 079
Telefax: +49 7953 / 7189 - 082

Lektorat: Sandra Wienke, Sabine Janatschek
Sprachkorrektorat: Petra Heubach-Erdmann
Covergestaltung: Christian Kalkert, www.kalkert.de
Satz: Petra Kleinwegen
Druck: Medienhaus Plump, Rheinbreitbach
Bildnachweis: @ antishock / fotolia.com

Inhalt

Für

Bruno & Carlotta

Vorwort

Meine Webseite: Mit Jimdo gebaut

Dieses Handbuch sendet eine herzliche Einladung an Jimdo-Neulinge, Webseiten-Anfänger und Begeisterte, die ihre eigene Webseite, einen Blog, einen Shop oder gleich alles auf einmal ohne Technikstress erstellen wollen.

Probleme sind out und Lösungen in. Das ist das Spielfeld für den Webbaukasten Jimdo, denn er befreit auf überzeugende Art den Anwender von aller Raketentechnik und kommt gleich zur Sache mit Inhalten und Funktion.

Auch fortgeschrittene User mit Kenntnissen in Grafik, Coding und E-Business kommen auf ihre Kosten, denn selbst die Profis finden hier wichtige Hinweise, die Zeit und Frust ersparen können, wenn man sich für den Einsatz von Jimdo entschieden hat – und der kann sich lohnen.

Nur die Programmierer gehen hier leer aus. Als reinrassiger Webbaukasten gibt es jenseits CSS und ein wenig JavaScript kaum Möglichkeiten, mit funktionaler Programmierung anzudocken und Jimdo ein paar Zaubertricks beizubringen. Die Motorhaube bleibt geschlossen. Das ist genau so geplant und kein Defizit. Für Freunde von HTML und CSS habe ich dennoch das Kapitel »Eigene Designs umsetzen« hinzugefügt.

In den vergangenen 20 Jahren wurde viel – teilweise beeindruckend gute – Software entwickelt, mit der man ohne Informatikstudium Webseiten erstellen und pflegen kann. Die meisten dieser Tools setzen die Kenntnis zahlloser Fachbegriffe voraus und die Bedienung solcher Software erinnert Nicht-Programmierer gelegentlich an einen Blick ins Cockpit einer größeren Linienmaschine.

Ist die Seite mühsam erstellt, muss man sich durch das nächste Thema kämpfen: Wie richte ich bei meinem Provider Domains, Webspace etc. ein und wie publiziere ich die generierte Webseite dann letztlich im Internet. Vom erneuten Aufwand der Pflege einmal abgesehen. Hier ist für Anfänger viel Frust vorprogrammiert, der die Kreativität enorm hemmt.

Schön, dass Jimdo und einige ambitionierte Mitbewerber im Jahrzehnt des Mitmach-Internets die entscheidende Brücke damit schlagen, dass Ihre Webseite online erstellt und gepflegt wird und dass Sie den Maschinenraum so gut wie nie zu Gesicht bekommen.

Wenn Sie Jimdo für Ihr Webprojekt einsetzen, haben Sie sich dazu entschieden, eine Webseite zu führen, die Sie vor allem schnell, unkompliziert und mit professionellem Ergebnis pflegen können. Das spart vor allem Zeit und Geld, weil Sie das spielend selbst umsetzen können. Obwohl HTML – als die zentrale »Sprache« in der Webseitenerstellung – nicht schwer zu erlernen ist, können Sie bei Programmierung per Hand immer wieder und mühelos einige Dutzend Stunden mit der Frage verbringen: Warum sieht meine Webseite nicht so aus, wie ich es mir vorgestellt habe? Warum zum Geier erziele ich nicht die gewünschten Ergebnisse? Das will Jimdo lösen. Und mein Buch soll Ihnen dabei helfen.

Jimdo kennt seinen Markt genau. Der Vorstoß in die High-Performance-Lösungen für professionelle Businessanwendungen und individuelle Geschäftsprozesse ist ganz klar nicht Bestandteil des Geschäftsmodells, da die zahllosen daraus resultierenden Anforderungen mit einem Webbaukasten nicht realisiert werden können. Jimdo ist eine tolle Wahl für schnelle und ansprechende Resultate, die vor allem hervorragend in Google & Co. indiziert werden.

Schöpfen Sie die Möglichkeiten aus, die Ihnen Jimdo bietet.

Benötigt werden Browser (empfohlen Chrome), eine bevorzugt schnelle Internetverbindung und ganz viel Vorfreude auf die eigene Seite, den eigenen Shop, die eigene Idee.

Ich hoffe, mein Buch und die kostenlosen Video-Tutorials, die ich für Sie auf *jimdohandbuch.de* hinterlegt habe, geben Ihrem Projekt ordentlich Wind in die Segel.

Herzlichst

Alexander Kerscher

Kapitel 1

Was ist Jimdo?

1.1 Free, Pro und Business: Wer braucht was?

Sie möchten Ihre Webseite mit Jimdo umsetzen. Klar so weit. Eine der häufigsten Fragen zum Webbaukasten Jimdo sind aber die Abgrenzungen zwischen den drei Jimdo-Paketen mit den Namen Free, Pro und Business.

Neben einer sehr informativen und detaillierten Übersicht unter

http://de.jimdo.com/preise/feature-index/

sind zunächst folgende Informationen zur Festlegung Ihres persönlichen Bedarfs hilfreich:

- Jede Seite, die Sie bei Jimdo anlegen (und nicht gleich mit einem Paket lizenzieren), ist zunächst eine völlig kostenlose JimdoFree-Seite und kostet Sie keinen Cent.

- Sie können Jimdo (derzeit) mit einer 20-Tage-Geld-zurück-Garantie (Mail an den Support genügt) in allen Pakten testen.

- Nein. Sie können **nicht** eine kostenlose JimdoFree-Seite erstellen, eine Domain darauf weiterleiten oder sie in einem iFrame darstellen.

- Sie möchten eine bestehende oder eine neue Domain wie *www.meinedomain. de/com/net/org* etc. nutzen und auch von Suchmaschinen gefunden werden? Ab hier brauchen Sie Pro oder Business.

- Sie möchten einen Shop einrichten und mehr als fünf Shop-Artikel anlegen? Dann benötigen Sie JimdoPro.

- Sie möchten mehr als 15 Shop-Artikel anlegen? Dann brauchen Sie Jimdo-Business.

Das scheint zunächst mal eine sehr grobe Unterteilung zu sein, denn es gibt eine Vielzahl von Parametern, in denen sich vor allem Pro und Business unterscheiden. Erstaunlicherweise decken diese Angaben aber bereits gut drei Viertel der üblichen Fragen ab.

Nebenbei: Ein Upgrade ist bei Jimdo immer möglich. Ein Downgrade zum Ende der Laufzeit (üblicherweise zwölf Monate) ebenfalls.

Explizit für JimdoBusiness sprechen auch folgende Merkmale beim geplanten Web- oder Shopeinsatz:

- anspruchsvolle Suchmaschinenoptimierung geplant
- schneller persönlicher Support benötigt
- Gutscheineinsatz im Onlineshop geplant

■   Versandkosten nach Gewicht berechnen

■   viele passwortgeschützte Bereiche benötigt

■   Navigationslinks (auch extern) weiterleiten

Legen Sie also zunächst eine JimdoFree-Seite an und führen Sie – wenn Sie sicher sind, dass Sie Jimdo weiterhin nutzen möchten – zunächst ein Upgrade auf JimdoPro durch.

Sobald Ihnen das System zeigt, dass für Ihren Bedarf JimdoBusiness benötigt wird, können Sie jederzeit und innerhalb weniger Minuten ein Upgrade durchführen. Dabei orientiert sich die Berechnung des Upgrades an der Restlaufzeit Ihres ersten Vertrages und wird anteilig für die Restlaufzeit berechnet.

Zusätzliche Leistungen stehen Ihnen unabhängig von einem Paket-Upgrade sowohl in JimdoPro als auch Business zur Verfügung.

Dies sind:

■   zusätzliche Domains

■   E-Mail-Pakete (zusätzliche echte Postfächer, nicht nur Weiterleitungen)

■   Zahlungsoptionen Plus (Bereitschaft für zusätzliche Bezahlmethoden im Online-shop)

Was immer Sie tun: Sie starten kostenlos mit JimdoFree.

1.2   Eignung für private und gewerbliche Nutzer

Unabhängig von der Thematik Ihrer Seite: Jimdo eignet sich hervorragend für Web-projekte mit einer überschaubaren Anzahl von Inhaltsseiten und einer Navigations-tiefe bis zur dritten Ebene.

20, 30, 40 Inhaltsseiten oder bis zu 100 Shop-Artikel sind gut handhabbar. Alles dar-über ist möglich, aber bei späteren Umstrukturierungen ggf. mühselig zu handhaben.

Damit ist die persönliche Webseite, die Seite zur neuen Selbstständigkeit, der Vereins-auftritt, ein Blog oder ein kleiner, aber erfolgreicher Webshop mühelos umsetzbar.

Was aber sollte man definitiv wissen, bevor man eine Entscheidung für den professi-onellen Einsatz von Jimdo als Unternehmensseite, Kundenprojekt, Onlineshop oder sonstiges Onlinetool trifft?

Hier finden Sie die entscheidenden Pros und Contras:

Pro:

■   Keine Installation notwendig – sofort online verfügbar

■   Spätestens über die Designschnittstelle ist die Umsetzung jedes Webdesigns möglich, eine professionelle Anpassung ist vergleichsweise preiswert (im professionellen Vergleich zu WordPress oder Typo3-Umsetzungen)

■   Schnelle Umsetzung

■   Einfachste Pflegemöglichkeit nahezu aller Inhaltstypen

■   Geringe Betriebskosten

■   Hervorragende Suchmaschinentauglichkeit und -pflege per integriertem SEO-Tool

■   Ausreichend mobiltauglich

■   Maintenancekosten, Patches oder komplexe Serveradministration entfallen vollständig

■   Genial einfacher Webshop

■   Qualifizierter Support

■   Hohe Verfügbarkeit

Contras:

■   Keine strukturelle Programmierung möglich oder integrierbar

■   Kein FTP, keine Ordner, keine Datenbanken, keine Includes o.Ä.

■   Keine Rechte und Rollen definierbar, zudem nur ein einziger Master-User mit einem Masterpasswort möglich

■   Export für Shopbestellungen und Kontaktformulare möglich, ansonsten keine contentbezogenen Im- und Exportfunktionen

■   Jenseits von Bildergalerien kein Massen-Upload von Bilddaten möglich, kein Medienmanagement

■   Keine Möglichkeit zur kollektiven Verschiebung von Inhaltsstrukturen, Artikelgruppen etc.

■   Keine Sicherungs- oder Wiederherstellungsmöglichkeit individueller (temporärer) Einstellungen wie Schriften-Set, Navigations etc.

■   Responsivität nicht in allen Designs vorhanden

1.3   Vorbereitung für Ihr Webprojekt

Strategie und Benutzerszenario

Bevor Sie Ihre Jimdo-Page anlegen, sollten Sie sich einige Gedanken darüber machen, was genau Sie eigentlich in Ihrer Webseite für wen abbilden möchten und was die Ziele Ihres Projekts sind. In der Webkonzeption spricht man von einem *Usecase* oder, auf Deutsch, von einem *Benutzerszenario*. Wird diese gewünschte Zielhandlung (also Kauf, Bestellung des Newsletters, Kontaktaufnahme etc.) vom Besucher ausgeführt, so spricht man von *Konversion*.

1. Überlegen Sie sich, wer die Zielgruppe für Ihre Webseite sein soll. Zum Beispiel: alle Segelfluginteressierten. Als Kenner der Materie wissen Sie, dass es sich überwiegend um männliche Interessierte im Alter zwischen 16 und 55 Jahren handelt.

2. Welche Ziele verbindet diese Benutzergruppe mit dem Besuch Ihrer Webseite? Beispielsweise der Download einer von Ihnen stets gepflegten PDF-Datei mit Adressen von Segelflugplätzen in Deutschland oder die Anmeldung zu einem »Schnupperkurs Segelfliegen« in Ihrem Verein. Dies sind die Ziele – die Konversion.

So grenzen Sie ein, für wen Sie Ihre Webseite erstellen und welche Vorgänge den Erfolg Ihrer Webseite kennzeichnen. Das hilft Ihnen bei allen weiteren Gedanken zu Darstellung, Gestaltung und Texten weiter.

Sinnvolle Hilfen bei der Webseitenerstellung

Nichts ist bei der Webseitenerstellung hinderlicher, als permanent zwischen Fotoordner, Grafikprogramm, Texteditor und verschiedenen Browserfenstern hin und her zu springen. Wenn Sie sich ein wenig vorbereiten, geht Ihnen die Arbeit viel leichter von der Hand.

Sie benötigen für Ihre Jimdo-Page neben einem Internetzugang:

- eine E-Mail-Adresse (auf die Sie unmittelbaren Zugriff haben)
- einen aktuellen Webbrowser (persönliche aktuelle Browser-Empfehlung: Google Chrome)
- eine grundsätzliche Layout-Idee
- Ihre Webseiten-Texte (Schreiben Sie diese idealerweise, *bevor* Sie beginnen, Ihre Webseite zu gestalten)

- Ihr digitales Bildmaterial in Form von z.b. JPG-, PNG-, GIF-Dateien – idealerweise auf sinnvolle Größen zurechtgeschnitten und clever benannt (eiffelturm-paris-nachts-oktober-2014.jpg anstelle von DSC1346.jpg)
- Dateien, die Sie ggf. zum Download anbieten möchten, in Form von zum Beispiel PDF-, Excel- oder (gepackt) als ZIP-Dateien
- einen Ordner auf Ihrem Rechner, in dem Sie alle Materialien für Ihre Webseite gesammelt ablegen, Texte, Bilder etc.

Ihr Ergebnis wird umso besser, wenn Sie vielleicht auch Folgendes besitzen und vorbereiten:

- ein Grafikprogramm (sofern Sie damit umgehen können)
- kurze Texte zu den Bildern, die Sie benutzen möchten
- eine Liste von Links zu anderen Webseiten, auf die Sie ggf. verweisen möchten

Setup und Grundlagen

Erstellen einer Jimdo-Page

Sie haben richtig gelesen. Um zu lernen, wie man eine Jimdo-Page erstellt, muss man am besten eine Jimdo-Page erstellen. So lassen sich auch die nachfolgenden Erklärungen am lebenden Beispiel besser erklären. Der Vorgang ist völlig kostenfrei. Besuchen Sie die Webseite *www.jimdo.de* und klicken Sie auf den Button mit der Bezeichnung KOSTENLOSE WEBSEITE ERSTELLEN.

Für das, was Sie als Nächstes hier tun, ist es hilfreich, einige wenige, aber wichtige Dinge vorab zu wissen:

- Sie erstellen nun eine kostenlose Seite, innerhalb derer Sie alle Designs, die Ihnen Jimdo anbietet, frei benutzen können. Sie erhalten weder *mehr* Designs noch *bessere* Designs durch ein Upgrade.

- Egal, welches Design Sie bei der Erstellung der Jimdo-Page auswählen … Sie legen sich damit *nicht* fest, sondern können anschließend in Ruhe ein anderes auswählen, das besser zu Ihrem Webprojekt passt.

- Sie müssen sich bei der Erstellung noch nicht auf eine existierende oder zukünftige echte Domain festlegen und damit noch keine Verpflichtung bezüglich eines kostenpflichtigen Pakets abgeben. Sie können diese Wahl und Angaben dazu später eingeben.

- Achten Sie unbedingt auf die korrekte Schreibweise Ihrer E-Mail-Adresse bei der Erstellung der Seite.

Wählen Sie nun per Klick eines der dargestellten Designs aus der bunten Jimdo-Welt.

Auswahl des Erst-Designs

Wie bereits erwähnt: Sie legen sich damit in keiner Weise fest oder verbauen sich mit Ihrer Wahl keinerlei Möglichkeiten.

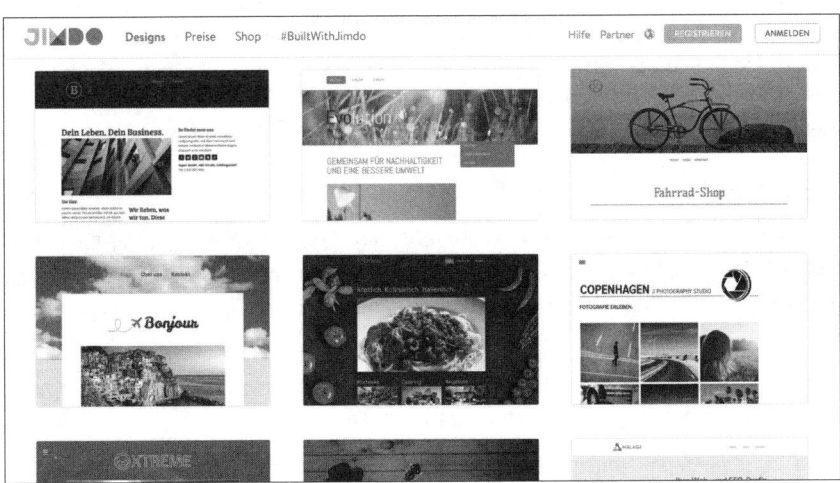

Die eigentliche (und jederzeit änderbare) Layout-Wahl findet erst in einem nächsten Schritt statt.

Füllen Sie nun die nachfolgenden Formularstrecken aus. Diese beginnen mit der Eingabe Ihrer E-Mail-Adresse und der Wahl eines freien eigenen Passworts.

Anschließend können Sie Ihre individuelle Jimdo-Domain vergeben, die als »ewiges Autokennzeichen« für Ihre Jimdo-Seite dient.

Ihre Seite ist – auch wenn Sie die Seite später als Pro- oder Business-Version mit einer echten Domain betreiben – immer **auch** unter dieser Jimdo-Domain erreichbar. Vor der Eingabe einer verfügbaren Jimdo-Domain werden Sie ggf. auch aufgefordert, einen Button zu aktivieren (»Ich bin kein Roboter«), der Jimdo als Spam-Schutz dient.

Jimdo-Domain

Sie werden gleich gebeten (unabhängig von einer *echten* Domain, mit der Sie später vielleicht Ihre Webseite betreiben möchten), eine sogenannte »Jimdo-Domain« zu erstellen, die zum Beispiel wie folgt lautet: *meinetolleseite.jimdo.com*.

Auch wenn diese Jimdo-Domain zunächst keine tiefere Bedeutung zu haben scheint und auch für Suchmaschinen keinen Mehrwert liefert, ist es sinnvoll, hier unbedingt **eine seriöse** oder sinnige Bezeichnung zu verwenden.

Diese Jimdo-Domain taucht nämlich später recht unerwartet und für einen kurzen Moment sichtbar genau dann auf, wenn Bestellungen aus Ihrem ggf. angelegten Jimdo-Shop zur Bezahlung in den gesicherten Bereich (https://) des Shop-Checkout übergeben werden. Da ist es dann wirklich besser, wenn für einen kurzen Augenblick etwas Vertrauensvolles wie *andreas-boutique.jimdo.com* zu lesen ist und nicht *mega-andis-rockende-hammerpage.jimdo.com*. Diese Jimdo-Domain ist nämlich nie wieder änderbar.

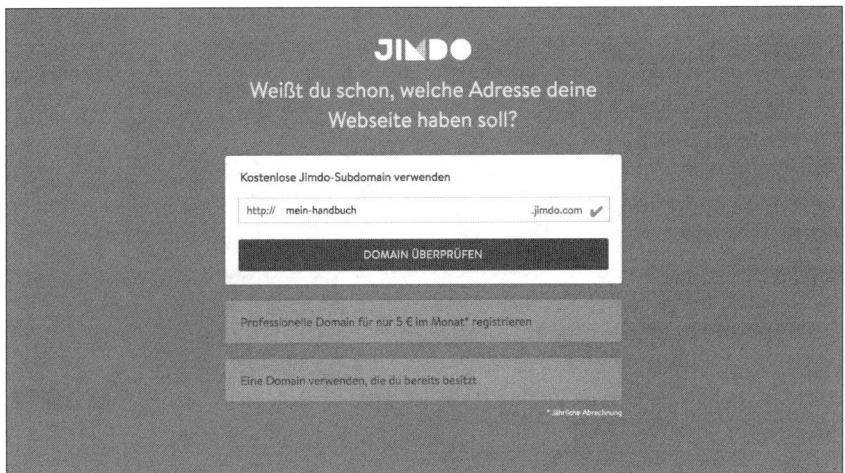

Mit dem Klick auf Domain überprüfen starten Sie die Erstellung Ihrer Jimdo-Seite. Um Ihnen zu zeigen, wie vielseitig Jimdo ist, erfolgt derzeit eine – neue Benutzer gerne verwirrende – Seite, in der Sie irgendeine Wahl treffen können. Mit der Abfrage ist kein erkennbarer Mehrwert irgendwelcher Art verbunden:

Nach zwei weiteren Klicks sind Sie am ersten Etappenziel angekommen: Ihre Jimdo-Page wurde erstellt und öffnet sich erstmalig inklusive Mustertexten und -bildern im Browser.

Lassen Sie sich nicht davon irritieren, dass auf der rechten Seite eine Bearbeitungs-leiste geöffnet ist und die Domain anstelle von z.B. *mein-handbuch.jimdo.com* solch eine kryptische URL in der Browserzeile zu sehen ist:

Die Antwort ist einfach: Ihre Seite befindet sich aktuell im Bearbeitungsmodus. Erst im Ansichtsmodus (auch Livemodus genannt) sehen Sie die URL so, wie Sie diese gewählt haben:

Als Nächstes gucken Sie bitte in Ihr Postfach, denn Sie haben nun Post von Jimdo. Hier wird Ihre Bestätigung für die neu erstellte Seite erbeten:

Auf der Seite einloggen

Es gibt drei Wege, um sich auf der eigenen Jimdo-Page einzuloggen:

1. den Button ANMELDEN auf der offiziellen jimdo.com-Seite selbst (der kompliziertere Weg)

2. Aufruf der eigenen Jimdo-Page in Ergänzung um */login* in der Webadresse, also beispielsweise *http://mein-handbuch.jimdo.com/login*

3. Sofern nicht über die Seitenverwaltung ausgeblendet: der kleine Login-Link unten rechts auf der eigenen Seite

Abgefragt wird das von Ihnen selbst gewählte Passwort, dessen korrekte Eingabe Ihnen einen uneingeschränkten Zugriff auf alle lizenzierte Funktionen Ihrer Seite ermöglicht:

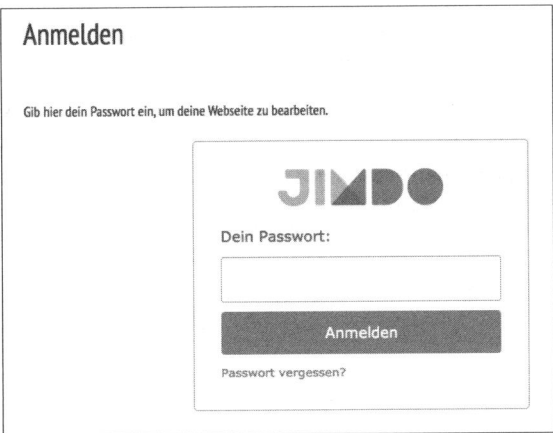

Aber zurück zu Ihrer neuen Seite im Bearbeitungs-Modus. Lernen Sie die Jimdo-Funktionen kennen und welche Elemente sich wo befinden. Sie werden Ihnen auf den nachfolgenden Seiten im Detail vorgestellt. Zunächst einmal werden Sie die wesentlichen und offensichtlichen Elemente bemerken.

Seitenleiste

Auf der rechten Seite befindet sich eine Seitenleiste, die Sie während der Bearbeitung mit dem kleinen Pfeilbutton ein- und ausfahren können.

Sie ist für wesentliche Einstellungen und Designoptionen Ihrer Seite zuständig, wird aber bei der eigentlichen Inhaltspflege nur bei speziellen Inhaltsfunktionen wie dem Blog oder der Suchmaschinenoptimierung benötigt.

Navigation / Seitenanlage

Wenn Sie im eingeloggten Zustand mit der Maus, ohne zu klicken, über die Navigation fahren, blendet sich ein Navigations-Layer ein.

Diesen Navigations-Layer können Sie – falls er an der eingeblendeten Stelle stören sollte – am rechts dargestellten Pfeil rechts mit der Maus per Drag&Drop an eine andere Stelle zur Bearbeitung verschieben. Auf die Position der Navigation in Ihrer Webseite hat das natürlich keine Auswirkungen.

Der Klick auf den blauen Bereich NAVIGATION BEARBEITEN öffnet die Bearbeitung der Navigation. Hier werden die einzelnen Seiten Ihrer Jimdo-Page erstellt, benannt, gelöscht, umpositioniert etc.

Diesen Layer können Sie – wie fast alle Elemente in Ihrer Jimdo-Seite – mit einem Klick auf das X-Symbol wieder deaktivieren bzw. schließen.

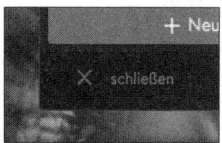

Obwohl es fast jeden früh in den Fingern juckt, mit dem Design loszulegen, ist es schlau, sich zunächst einmal die geplante Sitemap, also die Seitenstruktur in Form der Navigation vorzunehmen. Die Anlage der realen Seitenstruktur-Seiten hilft später nämlich bei Design- und Platzentscheidungen.

Wissenswert

Die Navigation definiert nicht nur die anklickbaren und sichtbaren Menüpunkte Ihrer Seite – hier werden auch neue Seiten angelegt, Seiten entfernt, verschoben, ausgeblendet, umbenannt etc.

Öffnen Sie nun einmal den Bearbeitungsbereich der Navigation. Dazu bewegen Sie die Maus im eingeloggten Zustand über die Navigation Ihrer Seite, bis der blaue Layer NAVIGATION BEARBEITEN erscheint.

Klicken Sie auf diese blaue Fläche. Die Navigation öffnet sich und sieht bei unserer JimdoFree-Seite wie folgt aus:

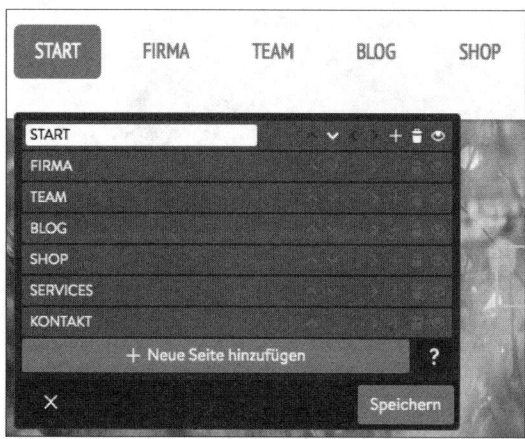

Das entspricht natürlich der sichtbaren Navigation (mit einem Menülevel) im Ansichtsmodus:

Die Symbole und Funktionen, mit denen Sie im geöffneten Navigationsfenster konfrontiert werden, sind sehr logisch gehalten und bieten auch sinnvolle Tooltipps, wie Sie hier in der nun etwas erweiterten Navigation sehen können:

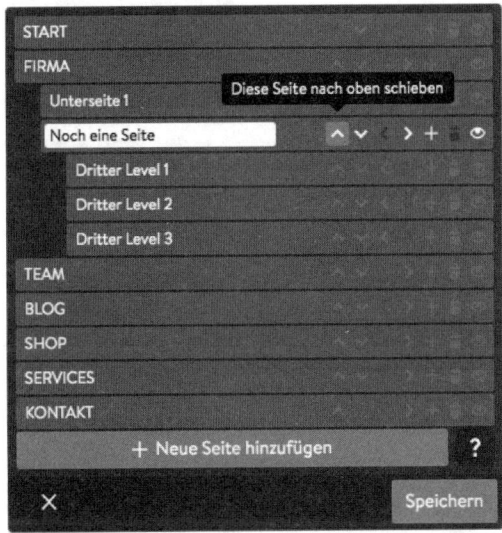

Sie können bis zu drei Navigationsebenen in der Navigation Ihrer Seite einrichten. Wo die unterschiedlichen Navigationsebenen ausgegeben werden, hängt dabei von Ihrer Auswahl und der Ausgestaltung des Jimdo-Designs ab.

Die obige Navigation mit drei Ebenen stellt sich im ausgewählten Design wie folgt dar:

Der Designer dieses Layouts hat die Level gesplittet und stellt den ersten Navigationslevel oben quer und die Navigationsebenen 2 und 3 vertikal verschachtelt in einer Seitenleiste rechts dar.

Die Bearbeitungsfunktionen ergeben sich wie folgt:

- Bezeichnung der Seite (so heißt vor allem auch der Navigationspunkt)
- Pfeile hoch/runter für das Verschieben von Seiten in der Navigations-Reihenfolge
- Pfeile links/rechts für das Verschieben der Seite in eine der drei möglichen Navigationsebenen
- Plus-Symbol für das Erstellen einer neuen Seite unterhalb des aktuellen Eintrags
- Mülleimer-Symbol für das unwiderrufliche Löschen einer Seite und
- Augen-Symbol für das Ein- und Ausblenden der Seite in der Navigation (Hinweis: Seite ist immer noch über die URL aus Suchmaschinen erreichbar)

Bei einer Vollversion wie JimdoBusiness kommt es noch viel besser: Hier stehen Ihnen zusätzliche und äußerst hilfreiche Funktionen in der Navigation zur Verfügung wie zum Beispiel

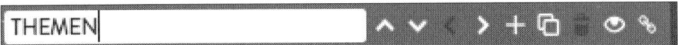

- Seite kopieren (inklusive aller darin befindlichen Inhalte) und
- Seite weiterleiten (auf ein beliebiges Ziel)

Insbesondere mit der Kopierfunktion können wunderbare Zwischensicherungen von Seiten angelegt werden oder größere Shopsortimente gesplittet und verschoben werden.

Wissenswert

Es gibt (zumindest derzeit) bei Jimdo kein bequemes Menü, mit dem Sie definieren können, welchen Typus Navigation (dropdown, quer, hoch etc.) Sie im ausgewählten Design benutzen möchten oder mit dem Sie Navigationsareale platzieren können. Die Navigation lässt sich in puncto Schrift oder Farben ganz hübsch stylen – mehr ist per Webbaukasten leider nicht möglich. Über komplexe CSS-Überschreibungen oder mit individuell gecodeten Layouts gibt es jedoch grundsätzliche Möglichkeiten für Veränderungen.

Mit der Navigation sind Sie im Grundsatz nun vertraut und haben eine Idee davon, wie man Seiten anlegt, benennt, löscht etc. Und das ist einer der wichtigsten Punkte für die Umsetzung.

Seiten-Elemente

Eingeloggt werden alle Elemente, die Sie mit der Maus – ohne zu klicken – überstreichen, einen Bearbeitungs-Zustand einblenden.

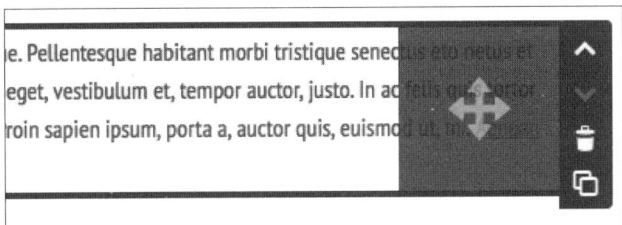

Auch hier können Sie mit den Pfeiltasten (oben und unten) das Element in der Reihenfolge auf der Seite verschieben, es mit dem Mülleimer-Symbol löschen oder es duplizieren.

Per Klick auf das jeweilige Element gelangen Sie in die individuell funktionierende Pflege des jeweiligen Elements mit (je nach Element) mal mehr, mal weniger Bearbeitungsoptionen.

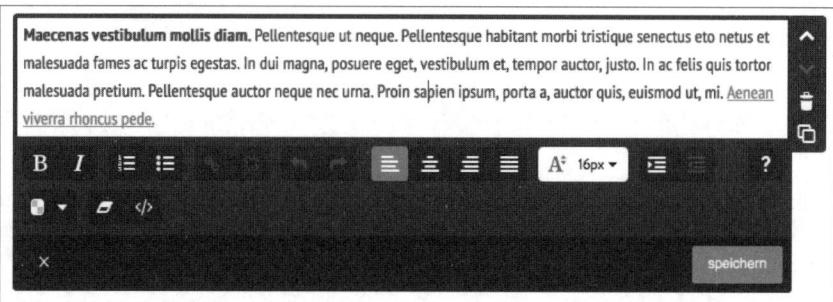

Dieses sogenannte *Onpage-Editing*, also das direkte Arbeiten und Positionieren auf der sichtbaren Webseite, ist die wesentliche, innovativ herausgearbeitete Funktion und das wesentliche Charaktermerkmal bei Jimdo.

Mit dem Wissen um diese drei wesentlichen Funktionsbereiche

- Seitenleiste
- Navigationslayer/Seitenanlage und
- Elemente

kennen Sie schon einmal die wesentlichen und wichtigsten Bearbeitungsbereiche.

Jimdo-Designs

Anhand der im Webbaukasten Jimdo verfügbaren Designs werden jene Benutzer, die schon etwas länger dabei sind, retrospektiv feststellen, wie viel sich in der Zeit zwischen 2008 und heute bei Jimdo getan hat. Außerdem wissen diese Benutzer auch, dass es eine alte und (seit August 2014) eine neue Version von Jimdo (*das neue Jimdo*) gibt und wie viel positive Entwicklung damit verbunden ist.

Sobald Sie eingeloggt in der Seitenleiste auf DESIGN klicken, öffnet sich ein Areal an Ihrer Browser-Oberkante, innerhalb dessen Sie auf derzeit 38 Layouts blicken, die nach internationalen Städtenamen benannt wurden.

Ein klein wenig verwirrt stellen wir fest, dass wir uns beim Erstellen unserer Seite (so in unserem Fall) bereits für ein Design namens CHICAGO entschieden haben und dass die *Designs* ab hier wieder als *Layouts* bezeichnet werden. Das ist nicht tragisch – kann aber erwähnt werden.

Neben dem Bereich LAYOUTS, in dem wir uns befinden, gibt es von hier aus weiterhin die Möglichkeit, die Bereiche

- STYLE

- HINTERGRUND und

- EIGENES LAYOUT

aufzurufen. Die Bereiche STYLE und HINTERGRUND werden im *nachfolgenden Kapitel* behandelt, beim Bereich EIGENES LAYOUT handelt es sich um eine Designschnittstelle für Fortgeschrittene, um eigene Webdesigns mittels Grafiken, Scripten sowie HTML- und CSS-Codes umzusetzen. Mein Handbuch

Webdesign mit Jimdo
Drei Wege zum eigenen Layout mit Jimdo
von Anfänger bis Profi (2016)

erhältlich unter *jimdo-handbuch.de,* befasst sich detailliert und Schritt für Schritt auch mit dieser Designschnittstelle.

Zurück bei den Jimdo-Layouts (oder -Designs), befassen wir uns nun mit Amsterdam, Barcelona, Berlin, Bordeaux, Cairo, Cape Town, Chicago, Copenhagen, Dubai, Dublin, Florence, Hamburg, Havana, Helsinki, Hong Kong, Lille, Lima, Madrid, Malaga, Melbourne, Miami, Milano, New York, Osaka, Paris, Prague, Reykjavik, Riga, Rio de Janeiro, Rome, San Francisco, Shanghai, Singapore, St. Petersburg, Sydney, Verona, Vienna und Zurich.

Jedes der Designs wird Ihnen beim Mouseover der Miniaturansicht des Designs neben einer Preview – also einer Voransicht Ihrer Seite – per Klick auf den kleinen Button DESIGNVORSCHLÄGE auch in leicht veränderten Variationen angeboten.

Damit können Sie beim Designwechsel auf teilweise schlau gedachte und bereits umgesetzte Variationen des Designs zugreifen, ohne sich im Styling zu sehr zu bemühen.

Kurz zusammengefasst: Hier werden Sie sicher und detailliert beschrieben im *nachfolgenden Kapitel* das für Ihr Projekt geeignete Layout entdecken, es aktivieren und mithilfe der Jimdo-Gestaltungsoptionen für Ihre Bedürfnisse individuell anpassen.

Bevor wir uns in unseren »Ersten Schritten« nun zu tief mit dem Thema Designs befassen, machen wir einen Schritt weiter in der Seitenleiste zum sogenannten STYLE.

Style-Funktionen

Der Bereich STYLE ist der Bereich, innerhalb dessen Sie Ihrer Jimdo-Seite – in Abhängigkeit des gewählten Designs und ohne Berücksichtigung ggf. anders gestalteter Seiteninhalte – den wesentlichen farblichen und gestalterischen Schliff verpassen.

Dies geschieht durch den Einsatz einer der beiden Möglichkeiten entweder

- als **vereinfachte Variante**, ein Farbschema und Schriften zu bestimmen (Detail-Styling = aus), oder

- als **komplexe Variante**, jedes dafür vorgesehene Element vom Navigationsbutton bis zur Fußzeile individuell zu definieren (Detail-Styling = an)

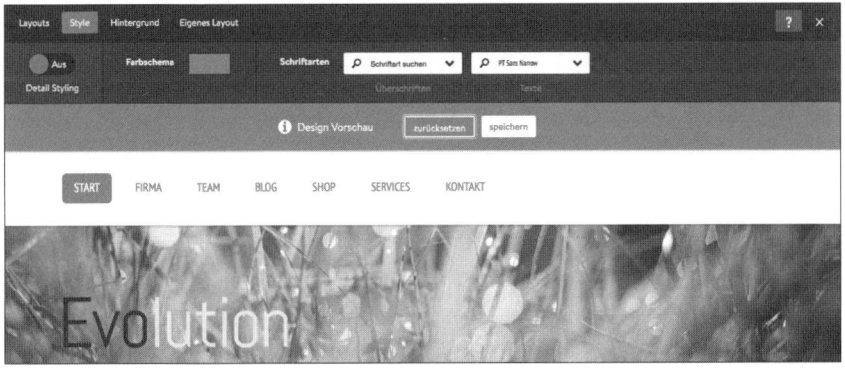

Der Bereich STYLE kann übrigens sowohl in der Seitenleiste (2. Menüpunkt von oben) als auch im Bearbeitungsbereich unterhalb der Jimdo-Designs aktiviert werden.

Für die weiteren ersten Schritte werden wir aus der Seitenleiste nur noch zwei Menüpunkten besondere Aufmerksamkeit schenken. Den EINSTELLUNGEN, dem (sehr subtil stets gehighlighteten) Punkt UPGRADE und der HILFE.

Einstellungen

Der Bereich EINSTELLUNGEN ist im Vergleich zur sonstigen Jimdo-Usability riesig und dennoch sehr gut verständlich. Ich empfehle zunächst einen interessierten Blick in diesen Bereich und das Umsetzen einiger *weniger* Einstellungen.

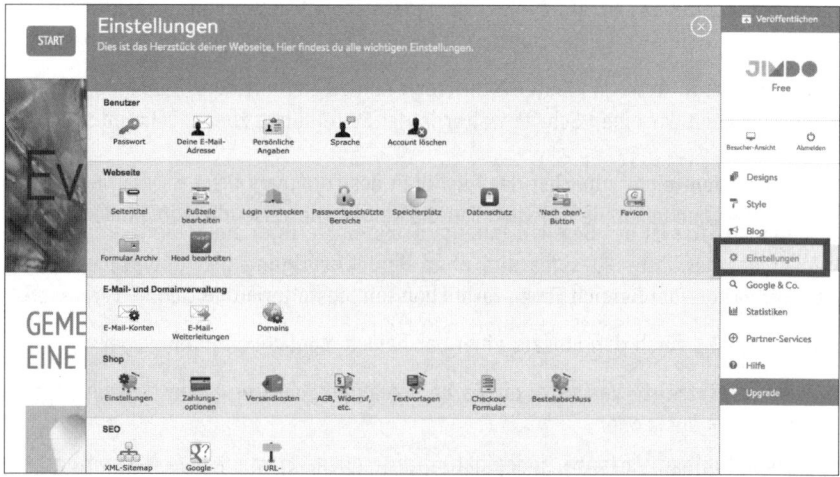

Hier wird schnell klar, wie viele Einstellungsmöglichkeiten es gibt und dass diese Einstellungen in den Rubriken

- Benutzer
- Webseite
- E-Mail- und Domainverwaltung
- Shop
- SEO
- Apps und
- Jimdo

geschachtelt sind. Da viele der hier verfügbaren Einstellungen (im gewählten Paket nicht verfügbare Optionen werden erklärt, aber nicht bereitgestellt) situativ angepasst werden, empfehle ich Ihnen für ein besseres »Non-Stop-Erlebnis«, folgende Einstellungen vorzunehmen.

und, sofern ein Shop geplant ist:

Beim Letzteren reicht zunächst das Ausfüllen des Formulars DEINE SHOPDATEN. Nehmen Sie sich Zeit und lesen Sie in jedem Fall die klugen Hinweise, die von Jimdo gegeben werden.

Bei Änderungen im Bereich EINSTELLUNGEN müssen Sie im jeweiligen Fenster grundsätzlich nach durchgeführten Eingaben den Button

speichern

betätigen, zu dem Sie sich – je nach Einstellungsbereich – bis nach unten durchscrollen müssen. Es erfolgt hier *keine* Warnung, dass nicht gespeicherte Änderungen verfallen.

1.4 Upgrade

Wie man vermuten möchte, können Sie hier zu jedem Zeitpunkt Ihrem Free-Dasein ein Ende bereiten und ein Upgrade auf eines der beiden kostenpflichtigen Pakete Pro oder Business durchführen.

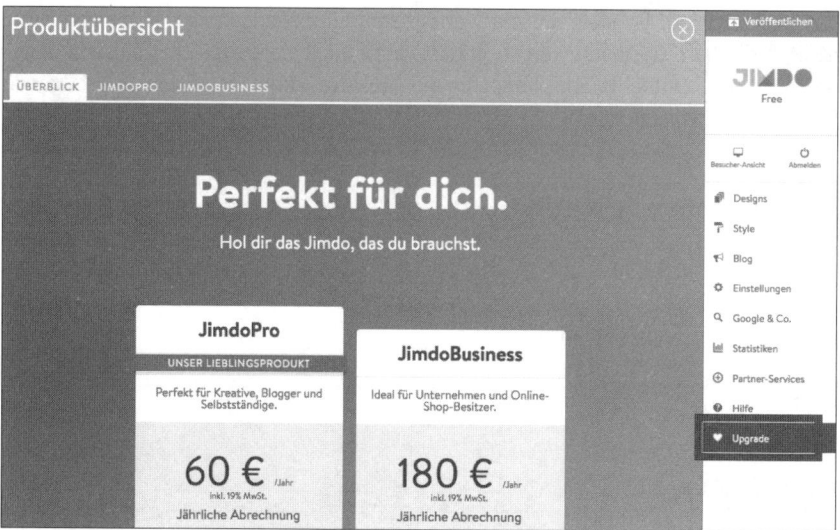

Aber auch im laufenden Betrieb einer Pro- oder Business-Version von Jimdo können Sie hier Upgrades und Zusatzkäufe durchführen. Beispielsweise zusätzliche Domains, Bezahlmethoden etc.

Bezahlen kann man bei Jimdo Pakete und Zusatzleistungen übrigens auch bequem per Überweisung. Die gewünschten Funktionen (zum Beispiel das Business-Paket) werden großzügigerweise dabei sofort bereitgestellt.

1.5 Hilfe

Ebenfalls in der Seitenleiste erreichbar ist die großartige Hilfe von Jimdo. Diese Hilfe ist redaktionell, didaktisch und technisch ein absoluter Gewinn und wird permanent redaktionell betreut.

Diese Hilfe macht wirklich Freude, weil sie sehr schnell zu relevanten Ergebnissen aus der Jimdo-Praxis und dem Arbeitsalltag des fleißigen und freundlichen Jimdo-Supports dieser Stelle führt und keine nie gestellten FAQs herunterbetet.

Gerade weil Jimdo (für keines der Pakete) einen Telefon-Support anbietet, ist diese Hilfe-Bibliothek eine sinnvolle Ergänzung zum E-Mail-Support, der intuitiven Bedienweise von Jimdo und natürlich diesem Handbuch.

Sie ist auch direkt unter *http://hilfe.jimdo.com/* erreichbar.

1.6   Bearbeitungs- und Besucheransicht

An zwei Stellen bietet Ihnen Ihre neue Jimdo-Page die Möglichkeit, zwischen Bearbeitungsmodus und Besucheransicht hin- und herzuschalten.

Diese liegen hier in der geöffneten Seitenleiste

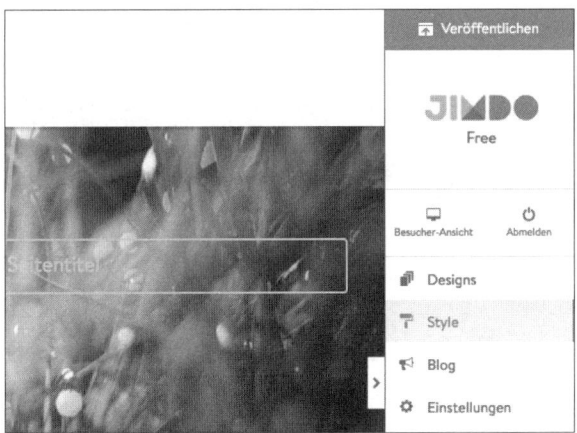

sowie am Fuß Ihrer Seite, wo Sie zwischen

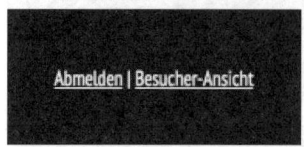

und

hin- und herschalten können.

Ein spannender Ansichtsbereich findet dabei im Kopf der Seite statt, wo Sie die Möglichkeit erhalten, zwischen den Ansichtsvarianten für Desktop (dabei auch Tablet) sowie Mobilansicht quer und hochkant zu entscheiden.

Dabei werden die unterschiedlichen Ansichtsarten simuliert.

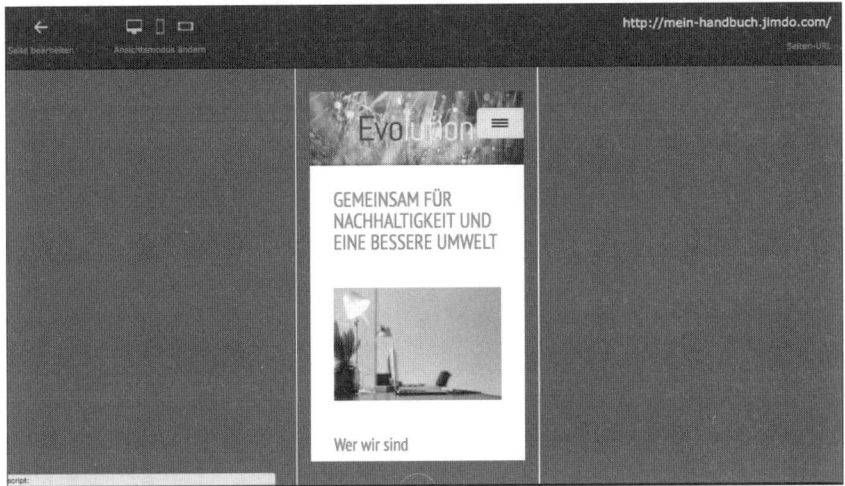

Der Klick auf die rechts oben angezeigte URL führt zu einer Live-Darstellung der Seite aus Besuchersicht, also zu einer echten Live-Ansicht, die sich als neues Fenster bzw. neuer Tab öffnet.

Der Klick auf den Pfeil links (SEITE BEARBEITEN) führt zurück in den Bearbeitungs-Modus.

Als schnelle Orientierungshilfe:

- Kryptische Domaindarstellung im Adressfeld des Browsers = Bearbeitungs-Modus
- URL im Klartext zu sehen = Live-Ansicht der Seite

Kapitel 2

Ihre Seite entsteht

Es ist ein wenig paradox. Wenn man seine Seite erstellt (was in der Regel ja zumindest mehrere Tage dauert), möchte man am liebsten keine Besucher, die einem über die Schulter schauen. Sobald man online geht, darf es gar nicht genug Aufmerksamkeit sein.

Einige Empfehlungen

Daher an dieser Stelle einige Ratschläge, wie Sie unliebsame Aufmerksamkeit in der Phase der Entstehung Ihrer Seite vermeiden können:

■ Suchen Sie sich einige wenige »Berater« aus Ihrem Umfeld, mit denen Sie über Ihre Webseite während der Planung und Entstehung sprechen. Zu viel Meinung oder Kritik von anderen wird Ihre Idee zerpflücken.

■ Gehen Sie nicht mit einem unfertigen Projekt online und, so groß die Versuchung sein mag: Publizieren Sie keine Texte, Bilder, Videos etc., deren Veröffentlichungsrechte Sie nicht haben. Früher oder später fällt es auf.

■ Sofern Sie direkt von Beginn an mit einem Pro- oder Business-Paket und einer »echten« Domain arbeiten, besteht durchaus die Gefahr, dass Google Sie noch während der Entstehung findet und Ihre Baustelle unverlangt in die Suchergebnisse posaunt.

Um zumindest menschliche und digitale Besucher zum falschen Zeitpunkt zu vermeiden, können Sie entweder

■ ... die (neue) Funktion WARTUNGSMODUS in den Einstellungen Ihres Pro-/Business-Accounts aktivieren.

■ ... die Google-Einstellungen Ihrer Seite unter Google & Co. bei Pro/Business für Googles Indizierung von Anfang an sperren.

■ ... einen Passwortschutz unterhalb der Einstellungen über Ihre Seite legen.

Nun geht es aber endlich los mit Ihrem Projekt und jeder Menge Wissen über Jimdo und seine Funktionen. Beginnen Sie mit Ihrer »Sitemap«.

Navigation und Inhaltsseiten anlegen

In den Grundinformationen haben Sie erfahren, wie die Navigation/Seitenanlage arbeitet.

Eine gute Navigation – Online-Shops dürfen da die Ausnahme bilden – hat in der ersten Navigationsebene fünf bis sieben Navigationspunkte und niemals mehr als drei Navigationslevel. So weit die Theorie, aber zwingen Sie sich nicht, diese Richtwerte unbedingt einhalten zu müssen. Benutzen Sie lieber weniger als mehr Navigationspunkte. Die Navigationsnamen sollten in jedem Fall kurz und klar sein.

So kann es aussehen:

- (START)
- FIRMA
  - Team
  - Porträt
  - Stellenangebote
- SERVICES
  - Gebäudereinigung
    - Preisliste
    - Anfrage
  - Fahrzeugreinigung
    - Preisliste
    - Anfrage
- DOWNLOADS
  - Unternehmensbroschüre
  - Auftragsformulare
- AKTUELLES
- KONTAKT

Die START-Seite ist übrigens generell und automatisch die erste Seite in Ihrer Webseite. Sie *kann* mit einem sichtbaren Navigationsnamen wie »Start« oder »Home« belegt werden – muss sie aber nicht. Sie wird als Index-Seite aufgerufen, sobald Ihre Domain aufgerufen wird.

Ihr Navigationsname für die Startseite darf dementsprechend auch ausgeblendet werden, zumal eine Navigation dorthin nicht zwingend notwendig ist. Gelernterweise führt ein Klick auf das Logo oder den Titel der Webseite zur Startseite.

Übertragen in unsere Musterseite stellt sich die oben entworfene Navigation nun wie folgt dar:

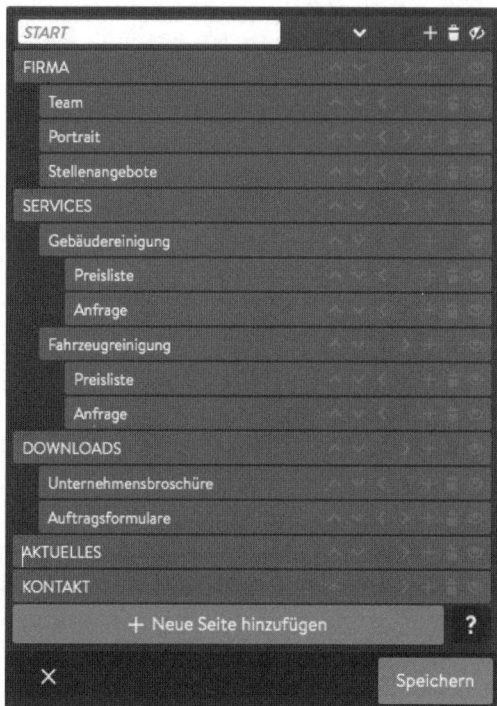

Die neuen Seiten erstellen Sie durch den Klick auf die große blaue Leiste mit der Bezeichnung + Neue Seite hinzufügen bzw. durch das kleine Plus, das sich in jeder Navigationszeile befindet. Die Navigationslogik in erste, zweite und dritte Navigationsebene stellen Sie durch Verwendung der <- und >-Buttons her, mit denen Sie eine erstellte Seite unterhalb des voranstehenden Navigationspunkts verschieben.

Wichtig bei der Planung Ihrer Seite: Anders als in anderen Systemen können Sie bei Jimdo nicht den Hauptmenüpunkt (z.B. Services) direkt auf den ersten Untermenüpunkt (Gebäudereinigung) weiterleiten (Shortcut). Sie müssen sich also auch Gedanken darüber machen, was sich inhaltlich unter der Hauptseite Services befindet. Üblicherweise wird das eine betextete und bebilderte Kurz-Übersicht aller unterhalb von Services befindlichen Leistungen sein.

Meta-Navigation

Den Menüpunkt Impressum müssen Sie in der Navigation übrigens nicht extra anlegen, da diese Seite (genauso wie Datenschutz, Sitemap, AGB im Shop etc.) in Jimdo-

Seiten automatisch oder beim Aktivieren bestimmter Funktionen (Shop) in der sogenannten »Meta-Navigation« am Fuß Ihrer Webseite angelegt wird. Dort lässt sie sich
dann auch bearbeiten.

Sie sehen: Es macht Sinn, sich mit der Struktur der eigenen Webseite vor dem Setzen
der Navigationspunkte zu beschäftigen, um ein möglichst sinniges Erlebnis für Ihre
Webseitenbesucher zu schaffen. Die gewünschten Ziele (Konversion) sollen von Ihrer
Zielgruppe ja möglichst optimal erreicht werden und die Struktur Ihrer Seite sollte
möglichst von Anfang an sitzen und nicht permanent umgebaut werden.

Eine Seite, die nach und nach wächst, wird beim Besucher mehr Erfolg haben als eine
Seite mit Dutzenden relativ inhaltsarmen Unterpunkten, die den Eindruck erwecken,
man sei den eigenen Zielvorstellungen nicht gewachsen gewesen.

Aufräumen der Vorlage

Sofern sich in dem von Ihnen ausgewählten Design Ihrer gerade erstellten Jimdo-
Page bereits (zu Demonstrationszwecken angelegte) Seiten befinden, löschen Sie
diese Seiten durch Verwendung des Mülleimer-Symbols.

Bestätigen Sie das Löschen der ausgewählten Seite. Die gelöschten Inhalte lassen
sich zu keinem Zeitpunkt wieder herstellen.

Überlegen Sie daher, ob Sie eine Seite ggf. nur ausblenden möchten, wenn Sie sich
nicht sicher sind, ob Sie die darin hinterlegten Inhalte vielleicht noch brauchen.

Hinweis

Sie können keine Seiten löschen, die Untermenüpunkte beinhalten. Hier müssen Sie erst – beginnend mit der untersten Ebene – die darunterliegenden Seiten löschen, bevor Sie einen Menüpunkt in der darüberliegenden Ebene löschen
können

Grundsätzlich macht es Sinn, solche vorhandenen Vorlagenseiten nicht umzubenennen, sondern sie zu löschen, um anschließend die neuen eigenen Seiten anzulegen.

Zum einen, weil es wesentlich schneller geht. Zum anderen, weil sich in der URL der Seite (unabhängig von der neuen Bezeichnung) alte »Benamungsreste« befinden können, die Sie ggf. später nachkorrigieren müssen oder möchten.

2.1 Designs – Auswahl und Wechsel

Ein Thema, das Ihnen sicher viel Freude bereiten wird, zumal Jimdo seit 2014 mit dem Anspruch an die eigenen Designs ein neues und ansehnliches Kapitel voller Möglichkeiten aufgeschlagen hat.

Die schwer überschaubaren und teilweise wirren Layouts des »alten« Jimdo sind zwar grundsätzlich noch aktiv für alle, die den Wechsel zum »neuen Jimdo« seither noch nicht aktiv vollzogen haben, alle neuen Seiten entstehen jedoch grundsätzlich im neuen Jimdo mit seinen Städtenamen-Layouts.

Von der Arbeitsweise her befinden Sie sich nun an der Stelle, an der Sie entscheiden, welcher Layout-Aufbau für Ihr Projekt tatsächlich am besten geeignet ist. Die optische Anpassung und Feinarbeit folgt erst im Anschluss.

Folgende Fragen könnten für Sie bei der Auswahl des Designs von Bedeutung sein:

- Wie tief wird Ihre Seite sein? Lässt sich alles in ca. sieben Menüpunkten und einer Ebene unterbringen oder planen Sie einen Shop mit vielen Haupt- und Unterkategorien?
- Wie wichtig ist echte Responsivität für Sie (aktuell sind nur 14 Jimdo-Templates wirklich responsiv) oder reicht eine einzige Ebene?
- Handelt es sich eher um eine bild- oder textlastige Seite?
- Brauchen Sie Raum, um sich textlich auszutoben, oder geht es auch schlanker?
- …

Sie haben zwei Möglichkeiten, das für Sie passende Design zu finden:

Möglichkeit 1: Rufen Sie eingeloggt in Ihre Jimdo-Seite den Bereich DESIGNS in der Seitenleiste auf und gehen Sie die angezeigten Layouts und ihre Varianten eines nach dem anderen durch.

Wenn Ihnen ein Layout zusagt, klicken Sie auf Vorschau und sehen Sie sich Ihre Seite in einer generierten Voransicht an.

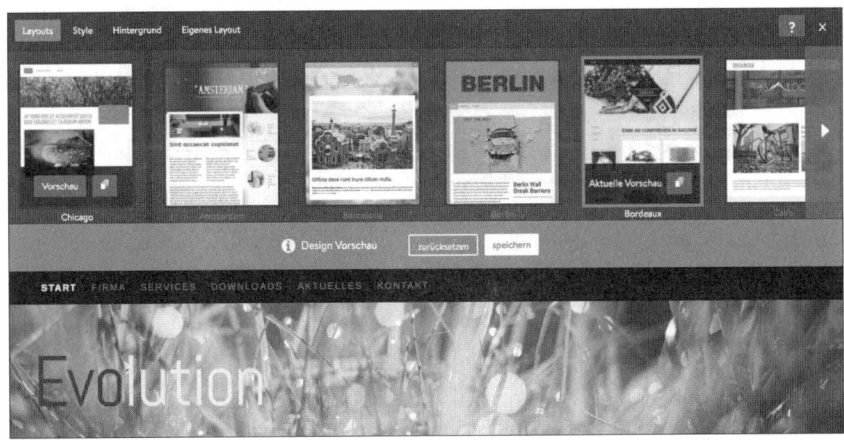

Prüfen Sie in der Voransicht, ob für Sie wesentliche Designelemente zu passen scheinen (Stand, Art und Funktion der Navigation oder grundsätzliche Verwendung der Inhaltsbereiche).

Sobald Sie davon überzeugt sind, es mit einem bestimmten Design auszuprobieren zu wollen, klicken Sie auf den blauen Layer DESIGN VORSCHAU > SPEICHERN.

Ihre Seite ist nun im neu ausgewählten Design abgespeichert. Es macht Sinn, bei einer engen Wahl zwischen mehreren Designs die Namen ursprünglicher oder der favorisierter Layouts aufzuschreiben.

Möglichkeit 2: Um das optimale Design für Ihr Projekt zu finden, hat Jimdo auch ein sehr schönes Onlinetool gebaut, mit dem Sie – gefiltert nach Wunscheigenschaften – schnell die richtige Entscheidung treffen (oder die Auswahl eingrenzen), ohne sich mühsam durch Layouts und Previews zu klicken.

Sie finden dieses Tool unter *http://jimdo.design/*.

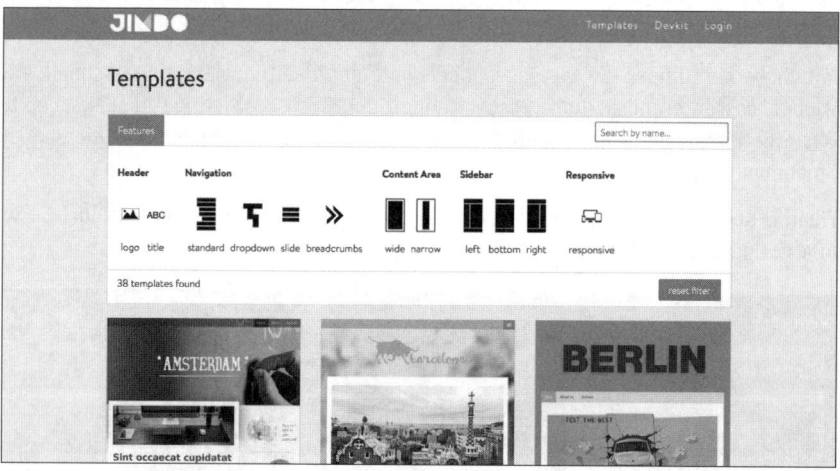

Der Vorteil: Es wird aktiv gepflegt und sorgt für eine logisch treffende Auswahl des richtigen Designs. Der Nachteil: Es ist nur auf Englisch verfügbar.

Suchen Sie also ein Design mit pflegbarem Logobereich, Dropdown-Navigation und weitem Contentbereich, setzen Sie die Filter wie folgt:

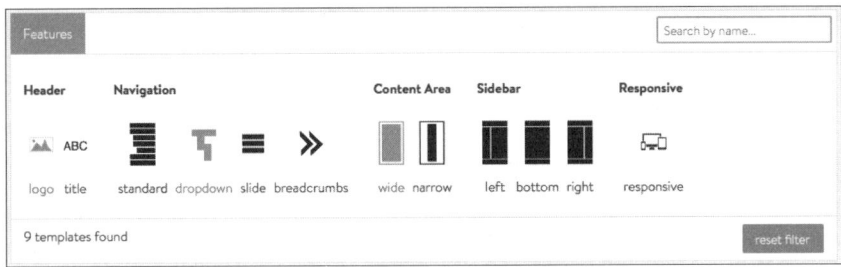

und werden mit einer Auswahl von neun aus (derzeit) 38 Designs beliefert. Schreiben Sie die Namen dieser Layouts ggf. auf und probieren Sie den Look dieser Layouts mit der Vorschau-Funktion über den oben beschriebenen Weg (Möglichkeit 1 über den Menübutton Designs in der rechten Seitenleiste) in Ihrer Seite aus.

Mit Sicherheit finden Sie – insbesondere mit der zweiten Methode – schnell ein Layout, dessen grundsätzliche Beschaffenheit und Optik die richtige zu sein scheint. Das Finetuning der Seite erfolgt in einem weiteren Schritt (Style) und bietet viel Spielraum für zahlreiche Anpassungen.

Für den – jederzeit möglichen – Wechsel des Designs gelten folgende Regeln, die Jimdo als Tooltipp angibt:

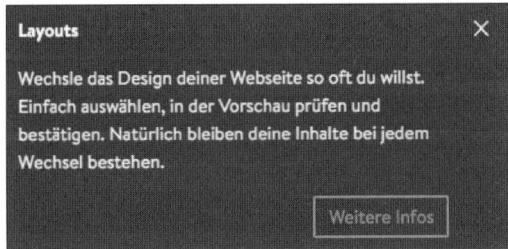

2.2   Style – das Feintuning

In der rechten Seitenleiste befindet sich direkt unterhalb des Bereiches Designs der Style-Bereich. Dieser ist wohl mit Abstand (unmittelbar nach den neuen Jimdo-Designs) die wesentlichste Änderung, die mit dem neuen Jimdo realisiert wurde.

Nachdem Sie Ihr Wunschdesign ausgewählt haben, klicken Sie auf Style.

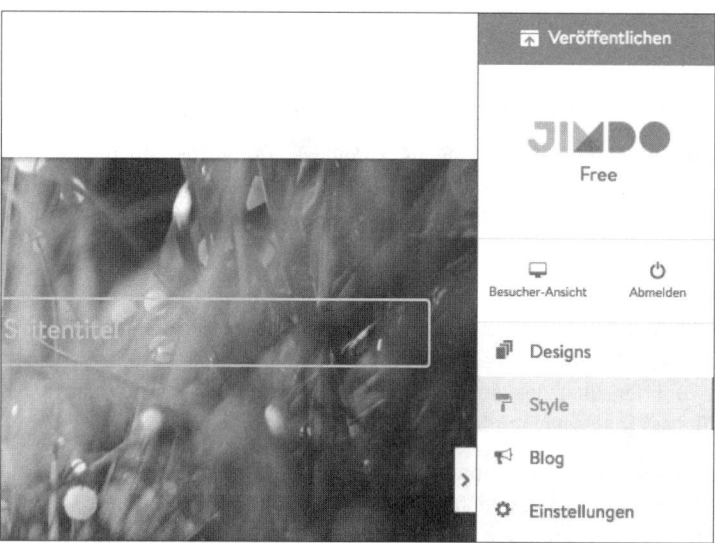

Die Seitenleiste schließt sich und es öffnet sich ein völlig neuer Bearbeitungsbereich, der Ihnen zwei wesentliche Optionen ermöglicht.

Wählen Sie zwischen DETAIL STYLING aus (Voreinstellung) und AUS.

Sofern Sie bei der Schalterstellung AUS bleiben, haben Sie unterhalb des Sektors FARBSCHEMA die Möglichkeit, Ihre Seite – im ausgewählten Design – in eine frei definierbare Farbe zu tauchen. Dies erspart Ihnen viel Einzelarbeit im Vergleich zum aktivierten DETAIL STYLING und ist gerade für Anfänger eine sehr willkommene Möglichkeit, um möglichst schnell einen umfassenden Effekt in die Farben der eigenen Webseite zu bringen.

Die Auswahl von Kopf- und Hintergrundbildern wird an dieser Stelle nicht getroffen.

Beim Klick auf FARBSCHEMA erhalten Sie 64 voreingestellte Farben (darunter auch DURCHSICHTIG – das kleine grau-weiße Schachbrettmuster am rechten oberen Rand der 64 Musterfarben), weiterhin ein Farbfeld, aus dem Sie Ihre Wunschfarbe mit der Maus picken können, und darunter auch ein Eingabefeld für (sofern Sie den Umgang damit beherrschen) RGB- und Hex-Werte.

Klicken Sie auf den blauen Button WÄHLEN, sobald Sie Ihren Wunschwert gefunden oder eingegeben haben. Sie werden noch einmal gefragt, ob Sie die gewählten Einstellungen übernehmen wollen:

Genau an dieser Stelle ist es nicht verkehrt, darauf hinzuweisen, dass es nach dem Speichern keine Möglichkeit gibt, die einmal abgespeicherte Anpassung per einfachem Knopfdruck rückgängig zu machen. Sie muss gewissermaßen »rückgebaut« werden.

Bei einem Wechsel des Designs werden die Einstellungen für das Farbschema zwar nicht auf ein anderes Design übertragen, jedoch zu diesem Design (Chicago) bleiben sie abgespeichert. Sie haben also nur die Möglichkeit, die Schriften und das Farbschema bei Bedarf »zurückzudesignen«. Demnach macht es durchaus Sinn, sich die Farben (Farbwerte) und Schriften (Schrifttypen und -größe etc.) der »Ureinstellung« aufzuschreiben und zu archivieren.

Wenn Sie es viel genauer nehmen wollen, haben Sie die Möglichkeit, über das sogenannte DETAIL STYLING eine wirklich große Anzahl einzelner Elemente Ihres Layouts individuell zu gestalten. Dies ist in der Tat ein Bereich mit sehr vielen Möglichkeiten und es empfiehlt sich, hier mit einem Plan und mit etwas Zeit an die Sache heranzugehen.

Zunächst einmal geht es darum, zu verstehen, wie man mit dieser Option arbeiten kann. Sobald Sie die Option DETAIL STYLING aktiviert haben, wird Ihre Maus zu einer kleinen Farbrolle, mit der Sie Elemente auf Ihrer Kinder-Seite berühren und diese ganz nach Ihren Möglichkeiten individuell bearbeiten können.

Welche Elemente lassen sich denn berühren? Im Grunde alle, die mit Text, Navigation, Unterschrift, Überschrift, Button etc. bezeichnet werden können. Sie können zum Beispiel die Navigation-Schrift farblich in unterschiedlichen Zuständen (aktiviert, nicht aktiviert) individuell gestalten. Die Position der Navigation oder die Art der Navigation (Quernavigation, Hochnavigation, Dropdown etc.) lassen sich jedoch nicht verändern bzw. auswählen.

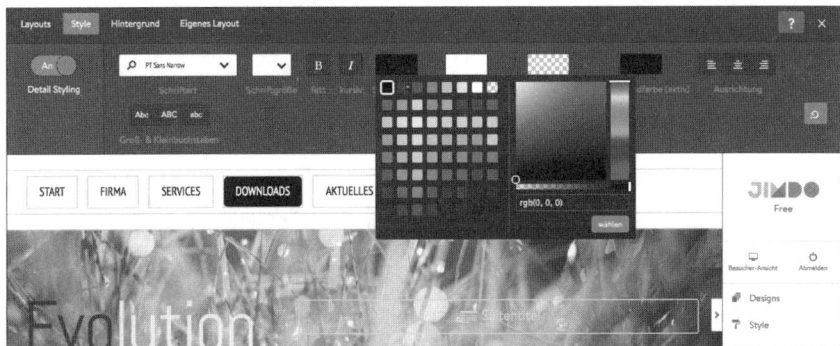

Diese Art des Stylings ist deswegen so herausfordernd, da man als Laie schnell mit den

- grundsätzlich vorhandenen Möglichkeiten und

- den visuellen Zusammenhängen zwischen den einzelnen Elementen

überfordert wird. Bei der großen Anzahl der Elemente, die sich verändern lassen, benötigt man jahrelange Erfahrung, um aus dem Handgelenk heraus ein harmonisches Gesamtkonzept bestehend aus Farben, Schriften und Flächen zu definieren.

Eine weitere Überraschung besteht oftmals auch darin, dass man zu einem späteren Zeitpunkt (wenn man zum Beispiel nachträglich einen Blog oder einen Shop einrichtet) feststellt, dass eine Vielzahl von Elementen bislang im Styling noch gar nicht ausgestaltet wurden, da man sie schlichtweg nicht »auf dem Schirm« hatte. Logisch: Der Button IN DEN WARENKORB LEGEN wird auch erst dann sicht- und stylebar, wenn ich einen Shop-Artikel anlege. Das Detailstyling kann also – ähnlich der Suchmaschinen-Optimierung – zu einer Art laufender Tätigkeit werden.

Darüber hinaus hat Jimdo es bei der Anzahl der verfügbaren Schriften wirklich gut gemeint und hat (das ist eine Behauptung, denn ich habe nicht nachgezählt) wirklich alle der mehr als 700 kostenlosen Google-Fonts in der Schriftverwaltung zur Verfügung gestellt. Das ist komfortabel und umfassend, überfordert Design-Anfänger jedoch völlig.

Immerhin helfen kleine gut gemeinte Filter – die auch am Beispiel erklären, was Serifen oder serifenlose Schriften etc. sind –, die Auswahl einzuschränken.

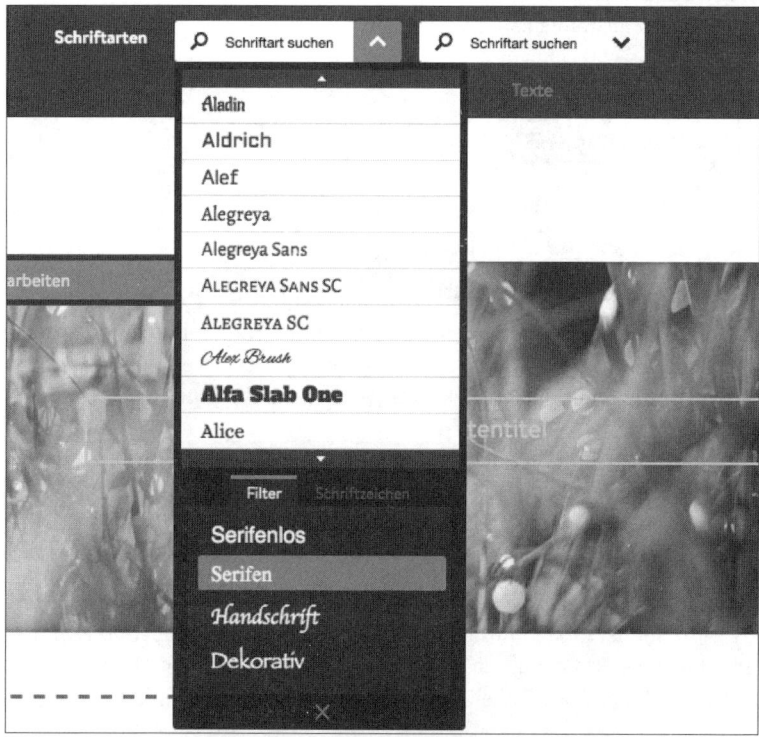

Obwohl ich Jimdo und gerade die neuen Style-Methoden wirklich toll finde, möchte ich hier auch einmal bemängeln, dass etwas sehr Wichtiges fehlt: Es wäre eine hilfreiche und benutzerfreundliche Funktion, individuelle Styling-Einstellungen exportieren, archivieren und wieder hochladen zu können. Gegebenenfalls in einer internen Versionsverwaltung.

Auf diese Art und Weise ließen sich Sicherheitskopien und Versionen von gut aussehenden Stylings erstellen, die man bei Bedarf wieder reaktivieren kann. Es wäre wirklich eine sehr große Hilfe.

Immerhin und zur Ehrenrettung: Jede einzelne Einstellung des Details-Stylings lässt sich mit einem Klick wieder auf die Layout-Vorgaben zurücksetzen. Dazu aktiviert man im Modus DETAIL STYLING mit der Farbrolle das gestylte Element und klickt rechts auf den Button ZURÜCKSETZEN AUF LAYOUT-VORGABEN.

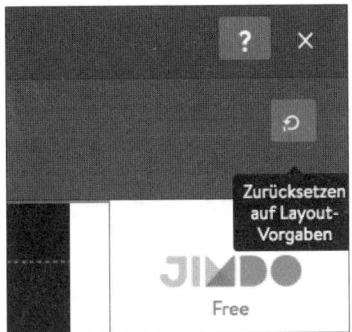

Ein weiterer Pluspunkt: Der Farbfächer übernimmt unten links (unterhalb der 64 vorselektierten Farbquadrate) die letzten acht gewählten Farben in einer Extrazeile, sodass man ohne permanente Neueingabe oder das Herauspicken von Farbwerten bereits benutzte Farben mit einem Klick direkt wieder wählen kann.

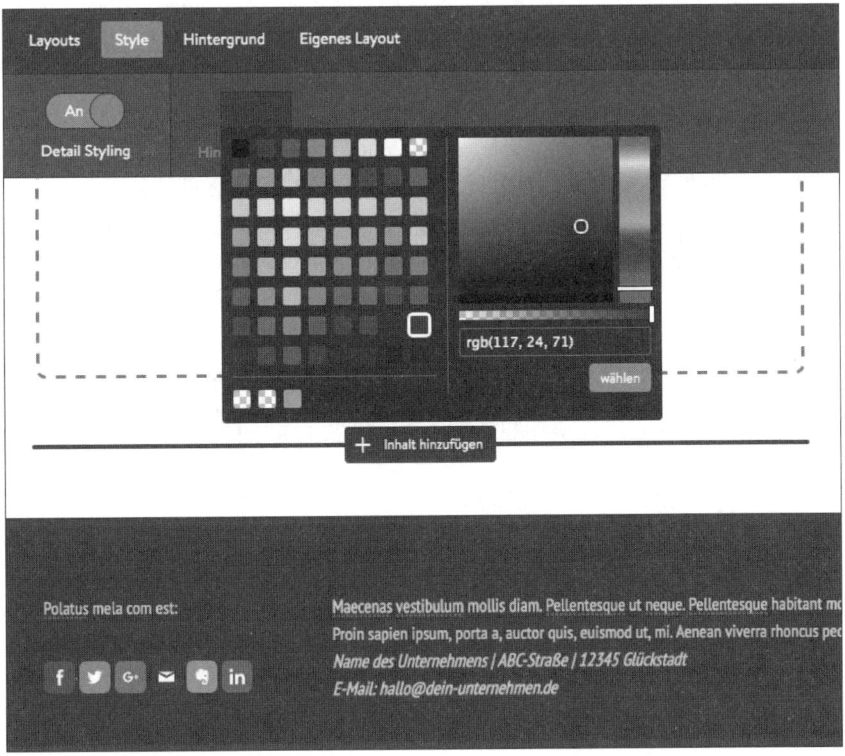

Wissenswert ist auch, dass es Gruppen von Elementen gibt, die man nur gemeinsam stylen kann. Nicht einzeln. So lassen sich beispielsweise die Navigationspunkte nur gemeinsam in Farbe, Schrift, Hintergrund etc. stylen und nicht etwa einzeln. Anders ausgedrückt: Eine bunte Navigation mit individueller Farbe je Menüpunkt können Sie also (zum Glück) nicht definieren.

Auch die Texte im Footer (getrennt in zwei oder mehr Blöcken) erhalten immer ein gemeinsames Aussehen:

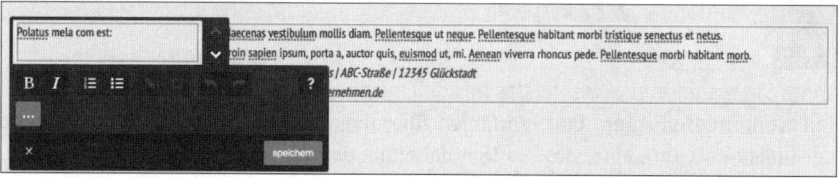

Zuletzt: Elemente wie zum Beispiel im obigen Beispiel die bunten Sharebuttons lassen sich im Übrigen nicht gestalten, denn sie sind eben vordefinierte Elemente mit eigenen individuellen Bearbeitungsoptionen. Dazu im nächsten Abschnitt mehr.

Übrigens: Für die aktuell 17 responsiven Jimdo-Layouts (Barcelona, Berlin, Cape Town, Chicago, Copenhagen, Dubai, Madrid, Malaga, Miami, Milano, Riga, Rio de Janeiro, Rome, Shanghai, Singapore, Vienna und Zurich) gelten die vorgenommenen Style-Einstellungen selbstverständlich auch in der mobilen Darstellung.

Bei den übrigen (nicht responsiven) Layouts gibt es keine direkten Stylemöglichkeiten. Allenfalls ein komplexes Überschreiben von CSS-Klassen. In Zukunft wird Jimdo bei Neuerscheinungen unter den Layouts mit Sicherheit auf weitere responsive Designs setzen.

Fazit: Das Detail-Styling ist eine wirklich sehr weitreichende und intelligent gebaute Funktion, mit der auch sehr individuelle Lösungen und Styles umgesetzt werden können. Die Gefahr, sich zu verzetteln, ist jedoch definitiv gegeben.

2.3 Hintergrund

Nachdem das Thema Style sehr arbeitsintensiv ist, werden wir uns nun einem Thema widmen, mit dem viel Freude und viel Effekt verbunden ist. Unabhängig von der seit Kurzem überarbeiteten und sehr gelungenen Umsetzung der Hintergrundoptionen müssen Sie auch hier einen guten Geschmack beweisen.

Klicken Sie eingeloggt in Ihrer Jimdo-Page entweder auf Designs oder Style und wählen Sie zunächst einmal im grauen Untermenü die Funktion Hintergrund.

Wenn Sie wie unserem Beispiel das Design Chicago gewählt haben, werden Sie hier bereits hinterlegte Hintergründe vorfinden. Diese verraten durch ein kleines Symbol an der linken unteren Kante, dass es sich dabei um den Typus Bild handelt. Und nein ... sie haben kein quadratisches Format, sondern werden nur auf diese Art präsentiert.

Klicken Sie zunächst auf das Plus-Symbol, um einen weiteren Hintergrund in die Sammlung hinzuzufügen.

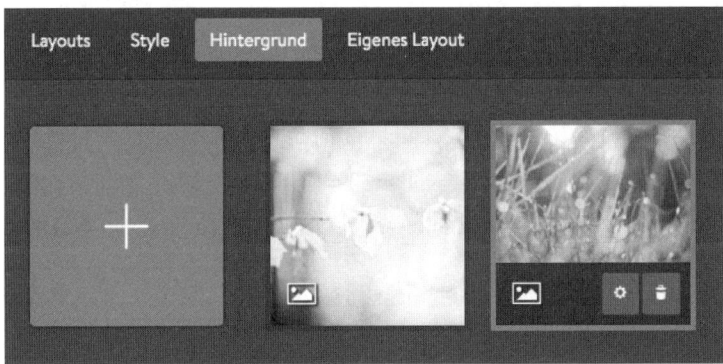

Zunächst werden Sie gefragt, welche Art von Hintergrund Sie an dieser Stelle einsetzen möchten. Jimdo bietet Ihnen folgende Optionen:

- BILD (das kann auch ein grafischer Hintergrund sein)
- WECHSELBILD (sogenannter Slider)
- VIDEO (gehostet von YouTube oder vimeo.com) oder
- FARBE

Dazu ein kurzer Gedanke: Ein Hintergrund ist vor allem mal ein Hintergrund. Dieser scheinbar wenig sinnstiftende Satz hat durchaus eine Sekunde Nachdenken verdient. Wenn es Ihr Ziel ist, dass sich Menschen mit den Inhalten Ihrer Webseite auseinandersetzen oder wenn sie dort Waren kaufen sollen, so empfiehlt es sich, dass der Hintergrund der Webseite durch seine Aktivität und Auffälligkeit nicht stört, sondern möglichst wenig auffällt, um die Vorgänge auf Ihrer Webseite optimal zu unterstützen.

Widmen wir uns den einzelnen Möglichkeiten und beginnen wir mit Bildern als Hintergrund.

Bild

Ein Bild oder eine Grafik, die als Hintergrund eingesetzt wird, sollte vor allem groß genug sein, also eine gewisse Kantenlänge aufweisen. Jimdo wird immer versuchen, das Bild flächendeckend zu verwenden.

Die Hintergrundfunktion von Jimdo ist sehr flexibel in der Verarbeitung auch weniger geeigneter Bilder und verzeiht vieles. Trotzdem sollten – neben der grundsätzlichen optischen Eignung des Motivs – auch Parameter wie

- eine geeignete Größe – ich empfehle gut aufgelöste Bilder mit minimal 800 Pixeln Breite zu verwenden
- die Ausrichtung als Hoch- oder Querformat sowie
- die Verwendung von Dateitypen wie JPG oder PNG

stimmen.

Verwenden Sie insbesondere keine Bilder, auf denen Schrift oder zu komplexe Details, Muster, Farben etc. abgebildet sind. Meine Auswahl wird nun vom Hintergrund-Bildtool wie folgt aufgenommen:

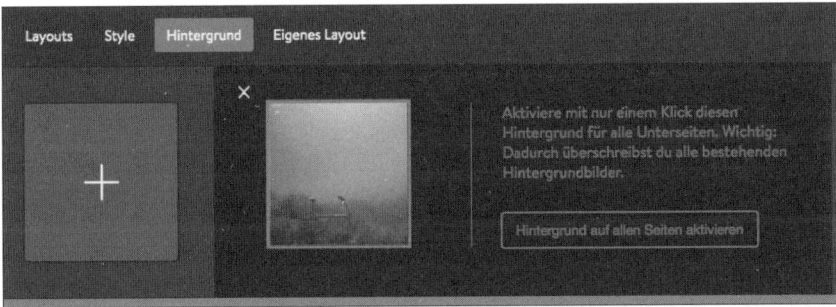

Mit einem Klick aktiviere ich das hochgeladene Bild nun als Hintergrund für alle Seiten. Das Ergebnis sieht in der Besucheransicht wie folgt aus:

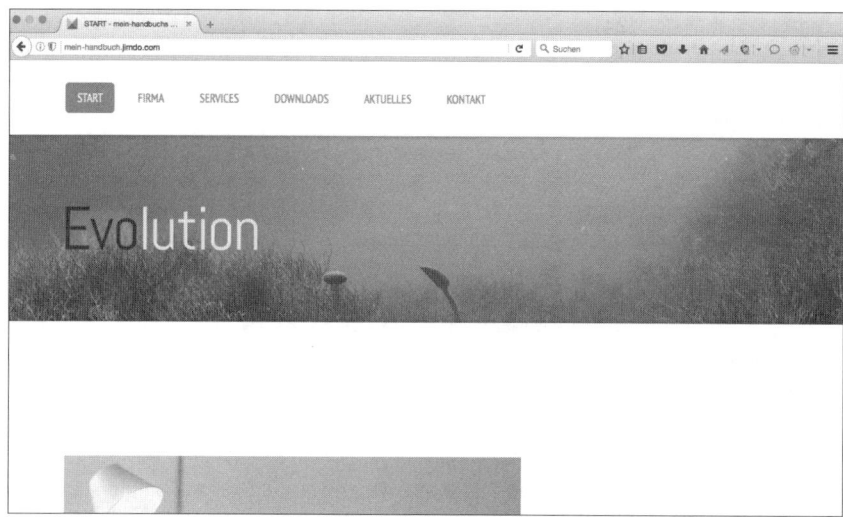

Das Design Chicago bietet für den Hintergrund eben nur einen bestimmten Ausschnitt. Beim Design Barcelona wird mit dem Hintergrundbild schon etwas großzügiger umgegangen:

Wenn Sie jeder Unterseite ein individuelles Bild zuweisen möchten, so klicken Sie nach dem Upload des Bildes bitte ausdrücklich nicht auf die Option HINTERGRUND AUF ALLEN SEITEN AKTIVIEREN.

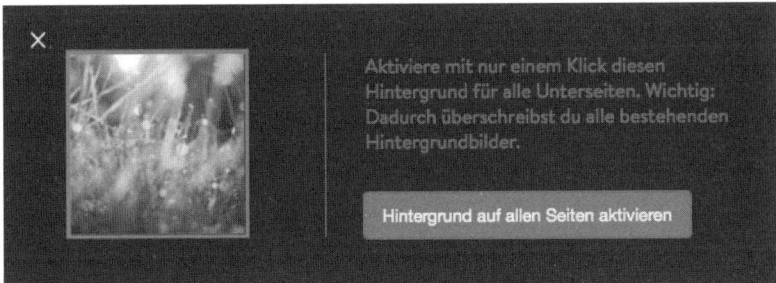

Stattdessen

- navigieren Sie auf die Seite oder Unterseite, der Sie ein bestimmtes Bild zuweisen möchten

- laden Sie ein neues Bild hoch oder klicken Sie ein dort vorhandenes Bild an und

- speichern Sie in der Designvorschau direkt ab.

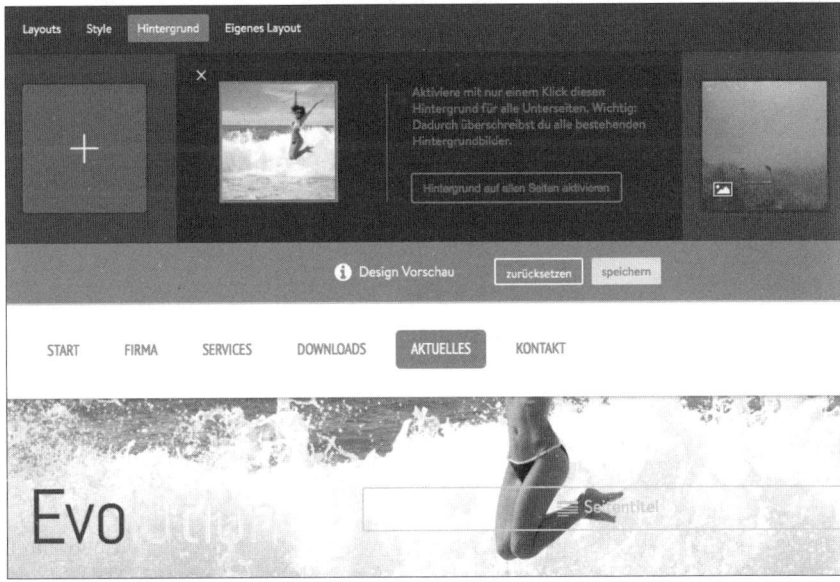

Auf diese Weise sehen zwei unterschiedliche Seiten im selben Web wie folgt aus:

und

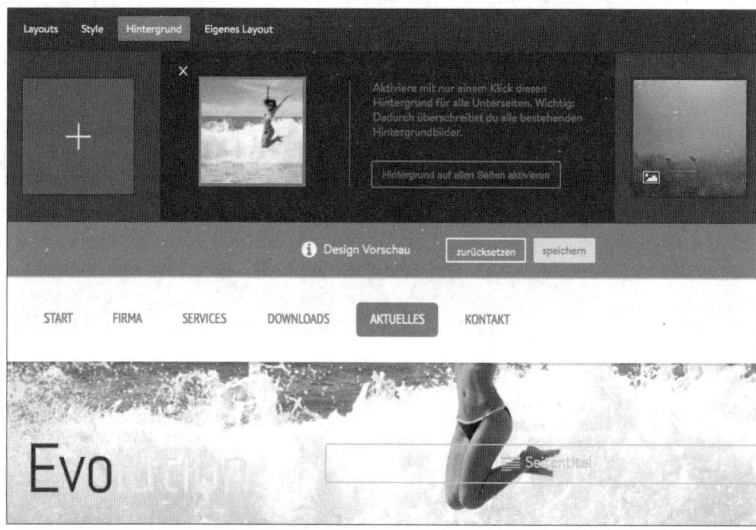

Dies bietet Ihnen viel Gestaltungsspielraum, wobei der HINTERGRUND im ausgewählten Beispieldesign CHICAGO eher die Rolle einer Headergrafik übernimmt.

Im Bearbeitungsmenü sehen Sie übrigens an jedem Bild ein kleines Zahnrädchen-Symbol für die Einstellungen (hier können Sie eines der Bilder allen Seiten mit einem Klick zuweisen) sowie einen Papierkorb als Löschfunktion.

Wechselbilder

Eher eine Möglichkeit für Seiten mit wenig Inhalt oder für dramatische Eröffnungen ist die Option WECHSELBILDER. Hier können Sie direkt mehrere Bilder hochladen und diese in einer Slideshow hintereinander abspielen. Grundsätzlich gut, wenn man den gleichen Platz für viel Bildinformation ausnutzen oder eine kleine Story zeigen will.

Beim Klick auf das Plus im Hintergrund-Menü wählen Sie diesmal WECHSELBILD

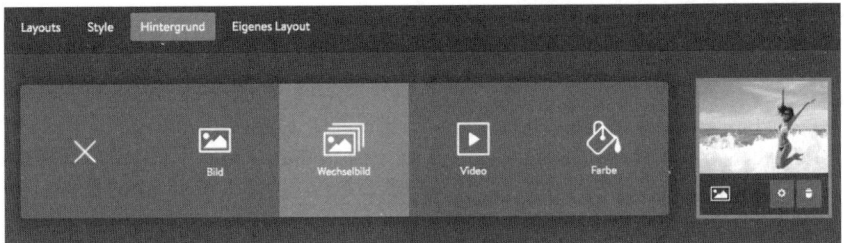

und suchen aus Ihrem Bildordner mehrere vorbereitete und miteinander abgestimmte Bilder aus:

Da es auch hier möglich ist, diese Wechselbilder allen Seiten zugleich zuzuweisen, taucht die aus dem Bereich BILD bereits bekannte Option zur Verwendung auf allen Seiten wieder auf.

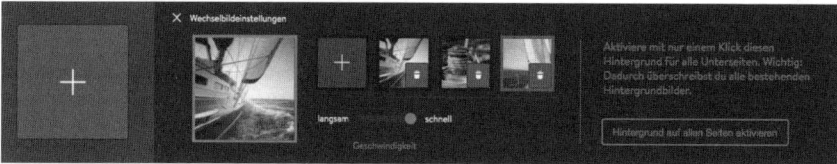

Weitere Optionen sind

- die freie Anordnung der hochgeladenen Bilder per Drag&Drop (Ziehen und Verschieben mit der Maus)
- das Hinzufügen weiterer Bilder
- die Geschwindigkeit der Überblende (nach meiner Messung von LANGSAM > ca. 30 Sekunden je Bild bis SCHNELL > ca. 4 Sekunden je Bild) und
- Löschen von Bildern über das Papierkorbsymbol

Nach dem Speichern liegt in meinem Hintergrundarchiv nun also ein neues WECHSELBILD ab.

Video

Es sieht selten gut aus, aber wenn es ein geeignetes Video gibt, ist der Effekt großartig – die Königsklasse der Hintergrund-Herausforderungen ist definitiv das Video.

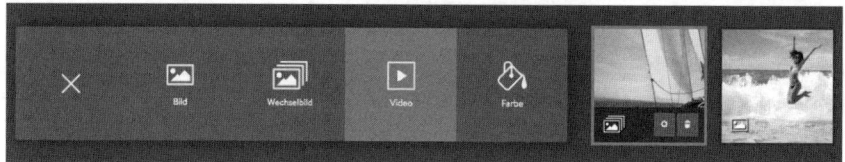

Hier hat Jimdo sich wirklich selbst übertroffen und bietet bei Klick auf das Videosymbol sofort einen Layer an, innerhalb dessen man eine herauskopierte YouTube- oder Vimeo-URL hinterlegen kann.

Die Eignung des Videos wird direkt durch ein erscheinendes grünes Häkchen bestätigt.

Was dann beim Video-Hinzufügen und -Abspeichern sichtbar wird, ist ebenfalls wieder stark vom ausgewählten Design abhängig, weswegen im gezeigten Beispiel auf das Layout BARCELONA mit etwas mehr Videoraum gewechselt wird.

Ein wirklich großartiger Effekt, bei dem der Sound des Videos übrigens deaktiviert wird. Insbesondere ruhige Bilder wie die von mir beispielhaft ausgewählte Aquariumwelt oder in Zeitlupe wiegende Gräser können ein toller Effekt sein.

Achten Sie aber auch bitte hier – ebenso wie bei den oben verwendeten Bildern – auf Lizenzen und die Urheberrechte eines Videos.

Auch bei den Videos als Hintergrund gibt es in den Hintergrundoptionen das Symbol des Stellrädchens, unterhalb dessen die Video-URL korrigiert werden kann, sowie ein Papierkorb-Symbol zum Löschen des Video-Hintergrunds.

Farbe

Klingt nicht so spannend wie Bilder und Videos, ist jedoch – bei guter Farbauswahl – ein exzellentes Element für stylische Seiten (mit insbesondere kürzeren Ladenzeiten).

Für die Farbwahl legen Sie wieder mit dem Plussymbol ein neues Hintergrundelement FARBE an.

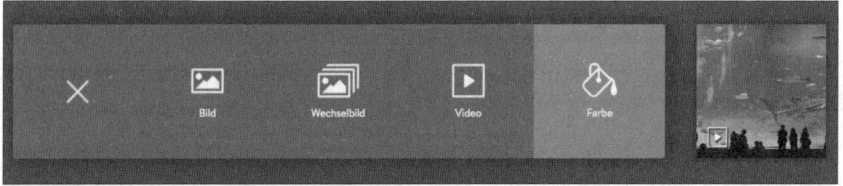

Picken Sie im nächsten Schritt Ihre Wunschfarbe oder geben Sie diese als RGB- oder Hex-Wert in das Eingabefeld unterhalb des Farbselektors ein.

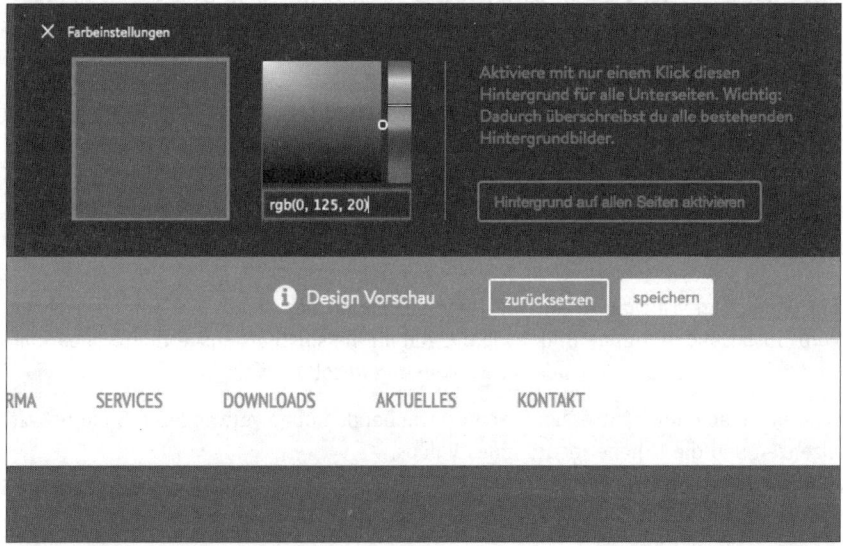

Wie auch bei den vorangegangenen Optionen weisen Sie diese Farbe allen oder nur einer Seite bzw. Unterseite zu und speichern sie als eigenes Hintergrundobjekt ab.

Zeit für einen kleinen Exkurs zum Thema Farbwerte und Harmonie. Bei den Style- und Rahmenfarben wird erwartet, dass Sie den Farbwert aus der Farbskala herauspicken und ihn in einem sogenannten *Hex-Wert* (also einer hexadezimalen Farbbestimmung) oder als RGB-Wert eingeben. So entspricht der Wert *FFFFFF* dem Farbwert *weiß* (RGB-Wert 255,255,255), der Wert *000000* ist *schwarz* (RGB-Wert 0,0,0).

Um den genauen Wert der gewünschten Farbe zu ermitteln, haben Sie in den meisten Grafikprogrammen die Möglichkeit, Farbwerte in *Hex-Werten* zu ermitteln oder sich den RGB-Wert anzeigen zu lassen. Wenn Sie den genauen Wert nicht kennen (oder nur den sogenannten RGB-Wert kennen), helfen Ihnen Webseiten wie *www.farb-tabelle.de* schnell und einfach weiter.

Dort finden Sie eine Vielzahl von Farben und Farbfächern mit dem entsprechenden Hex-Wert, den Sie hier (und auch an anderer Stelle in Jimdo) verwenden können. Legen Sie sich für Ihre Webseite auf höchstens drei oder vier unterschiedliche Farben fest, die Sie verwenden. Achten Sie darauf, dass Sie einheitliche und harmonierende Werte verwenden, um ein ansprechendes Ergebnis zu erzielen. Aber ... wie ermittelt man harmonische Farbwerte?

Sehr zu empfehlen ist die Webseite *www.colorblender.com*, bei der miteinander harmonierende Farbwerte auf Basis einer Farbe, die Sie eingeben, ermittelt und in RGB- bzw. in Hex-Werten ausgegeben werden.

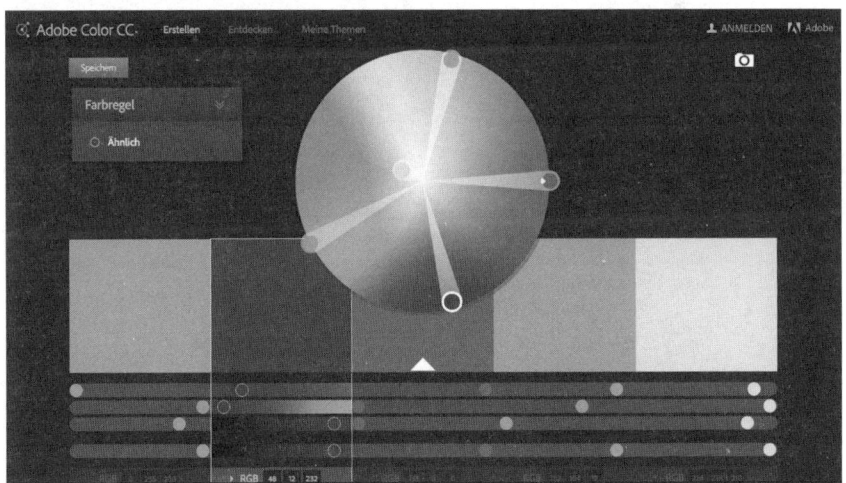

Auch das von Jimdo empfohlene *color.adobe.com/de* ist ein großartiges Online-Tool, mit dem tolle Farbwerte ermittelt werden. Man kann damit schon sehr professionell arbeiten.

Damit kennen Sie nun alle vier Methoden der Verwendung des Bereiches HINTERGRUND. Abschließend noch einmal der Hinweis: Weniger ist mehr – der Hintergrund ist das Tablett, auf dem Ihre Information präsentiert wird.

2.4   Eigenes Layout

Da diese Funktion im Bereich STYLE als Option direkt neben der Funktion HINTERGRUND positioniert ist, mag sie hier vermutet werden.

Die entsprechenden Ausführungen finden Sie im Kapitel *»Eigene Designs umsetzen«.*

Kapitel 3

Seiteninhalt und Elemente

Willkommen im zweiten größeren Abschnitt beim Thema Webseitenerstellung mit Jimdo. Im ersten Teil haben Sie gelernt, eine Jimdo-Seite inklusive Navigation und Unterseiten zu erstellen, das passende Design auszuwählen und sie individuell mit Farben, Hintergründen, Schriften etc. zu stylen.

Da beim Thema »Content Management« (also auch bei Jimdo) Inhalt und Design voneinander getrennt *leben*, kommen wir nun zu den Inhalten, den von mir so benannten Jimdo-Elementen, und damit zu jener Funktion, die Jimdo perfektioniert hat: dem Erstellen und Bearbeiten von Inhalten direkt auf der Webseite selbst. Sobald Sie auf Ihrer Jimdo-Page eingeloggt sind, können Sie diese Elemente

- erstellen,
- bearbeiten/befüllen,
- umplatzieren,
- duplizieren oder
- löschen.

Sie können Elemente erstellen an einer Position, in der Sie folgende Meldung sehen

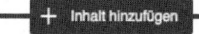

oder ober- bzw. unterhalb eines bestehenden Elements, wenn Sie mit der Maus das bestehende Element »überfahren«.

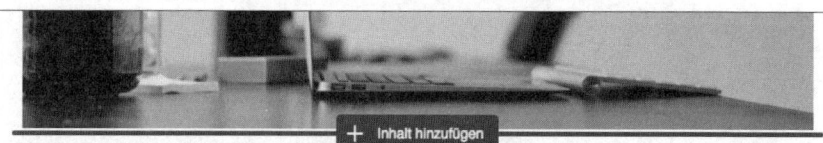

Maecenas vestibulum mollis diam. Pellentesque ut neque. Pellentesque habitant morbi tristique senectus eto netus et malesuada fames ac turpis egestas. In dui magna, posuere eget, vestibulum et, tempor auctor, justo. In ac felis quis tortor malesuada pretium. Pellentesque auctor neque nec urna. Proin sapien ipsum, porta a, auctor quis, euismod ut, mi. Aenean viverra rhoncus pede.

Der Klick auf + INHALT HINZUFÜGEN öffnet einen Bearbeitungsbereich, in dem Sie auf alle verfügbaren Elemente zugreifen können. Dieser sieht wie folgt aus:

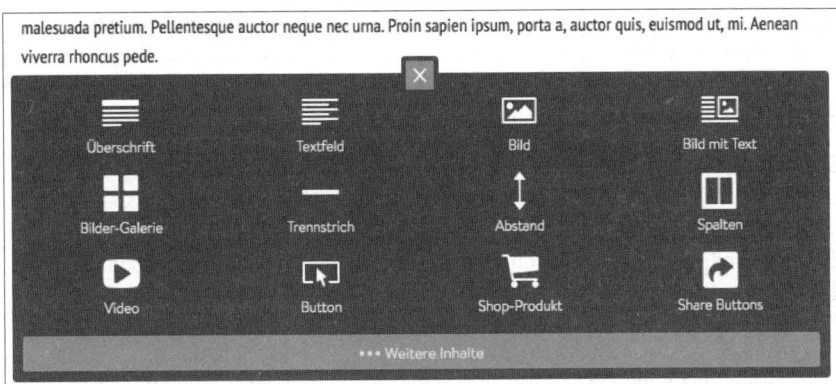

Er enthält die aus Sicht von Jimdo gebräuchlichsten zwölf Elemente und kann über das blaue x am oberen Ende auch wieder geschlossen werden. Mit einem Klick auf den blauen Balken Weitere Inhalte erweitert sich die Bearbeitungspalette um 13 weitere Funktionen.

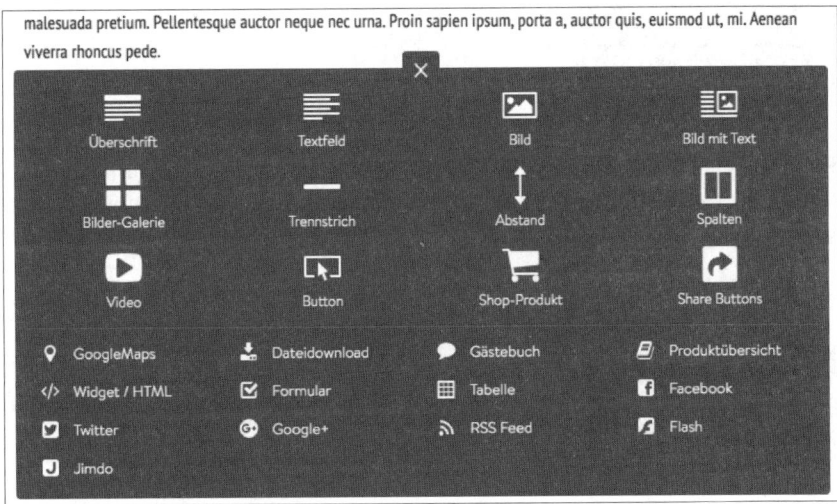

Klicken Sie auf das gewünschte Element, um es zunächst zu platzieren und es dann inhaltlich zu bearbeiten.

3.1 Die Elemente in der Schnellübersicht

Sehen wir uns einmal die verfügbaren Elemente und ihre Rolle im Inhaltsgeschehen Ihrer Jimdo-Seite an.

Überschrift

Hiermit platzieren Sie eine Überschrift vom Typ H1, H2 oder H3 an der ausgewählten Stelle. Diese Überschrift können Sie nicht verlinken oder mit irgendeiner weiteren Funktion oder Formatierung versehen.

Textfeld

Hier platzieren Sie einen Text. Sie können ihn individuell gestalten, ausrichten, auf interne oder externe Ziele verlinken oder traditionelle Text-Funktionen wie Aufzählungen, Fettdruck, kursiv etc. anwenden. Auch eine HTML-Bearbeitung ist möglich.

Bild

Darf's ein Bild oder eine Grafik sein? Hochladen, stufenlos verkleinern, verlinken und ausrichten, Alt-Tags für die Suchmaschinenoptimierung hinterlegen, Bildunterschrift oder Vergrößerung beim Klick sind nur einige Funktionen.

Bild mit Text

Ein häufig verwendetes Kombinationselement aus Text und Bild, das die Fähigkeiten der beiden vorangegangenen Elemente verbindet.

Bilder-Galerie

Ein absolutes Power-Element, mit dem sich aus mehreren Bildern nach dem Upload Slideshows, Bildübersichten, klassische Galerien und komplexe Arrangements erstellen lassen.

Trennstrich

Platzieren Sie mit diesem Objekt Trennstriche zwischen Elementen, Seitenabschnitten etc. und erhöhen Sie die Übersichtlichkeit und die Optik Ihrer Seite.

Abstand

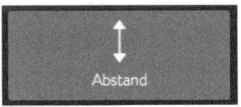

Von 5 bis 500 Pixel Höhe können Sie hiermit Leerabstände zwischen Elementen oder auch obere und untere Ränder erzeugen.

Spalten

Ebenfalls ein geradezu magisches Element. Mit einer bis acht Spalten erstellen Sie geniale Optik, hohe Funktionalität oder einfach kopierbare Objektgruppen.

Video

Keine komplexen Codes zum Einbetten von Videos der Plattformen YouTube oder Vimeo. Einfach URL des Videos hineinkopieren, Größe skalieren. Fertig ist das Video auf der Webseite.

Button

Das jüngste der Jimdo-Elemente: Hiermit bauen Sie mit wenigen Klicks an beliebigen Stellen einen »Call to action«-Button und verlinken ihn auf interne oder externe Ziele.

Shop-Produkt

Shop im Einsatz? Mit Jimdo ist es so einfach, einen neuen Shop-Artikel zu »bauen«, und genau das wird mit diesem Element gemacht.

Share Buttons

Machen Sie es Besuchern leicht, andere auf Ihre Seite aufmerksam zu machen. Mit den Share Buttons ermöglichen Sie die am weitesten verbreiteten Empfehlungsformen mit einem Klick.

Unter den »weiteren Inhalten« – also der zweiten Palette von Jimdo-Elementen – finden Sie die folgenden, teilweise in Webseiten nur einmalig oder seltener benutzten Elemente:

GoogleMaps

Hiermit integrieren Sie GoogleMaps nach Zielpunkten, die Sie frei definieren und markieren können. Der Google-Routenplaner kann auf Klick hinzugefügt werden.

Dateidownload

Stellen Sie Downloads zu Verfügung und beschreiben Sie die herunterladbaren Dateien. Sehr umfassend gelöstes, smartes Tool mit automatischer Erkennung und Symbolintegration für den herunterladbaren Dateityp.

Gästebuch

Das Gästebuch kann auch eine Kommentarfunktion sein. In jedem Fall ist es blitzschnell eingerichtet und verfügt auch über eine Benachrichtigungsfunktion, Freischaltung und Spamschutz.

Produktübersicht

Eine intelligente Erweiterung für Jimdo-Shops. Mit diesem Element stellen Sie Artikellisten nach individuellen Kriterien dynamisch her. Mit zahlreichen Layoutoptionen.

Widget / HTML

Der Schlüssel zu zahllosen externen Widgets, Services und Möglichkeiten. Außerdem natürlich der Container für eigenes HTML.

Formular

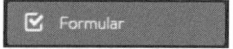

Ein tolles Tool, mit dem man blitzschnell Kontaktformulare mit zahllosen Möglichkeiten erstellen kann. Definitiv ein Highlight des Webbaukastens.

Tabelle

Ein Mysterium, dass der komplizierte HTML-Code für Tabellen nie verbessert wurde. Gerade weil Tabellen immer noch so unverzichtbar sein können. Da hilft dieses Element sehr.

Facebook

Wenn es darum geht, eine eigene Facebookseite (Fanpage) mit der Jimdo-Page zu verknüpfen, ist diese Option die einfachste und bietet zahlreiche Möglichkeiten der Integration.

Twitter

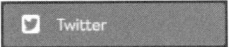

Ebenso für Twitter. Sollen die letzten Tweets direkt auf Ihrer Seite angezeigt werden? Integrieren Sie diese Funktion und legen Sie einen Kanal zu Ihren Tweets.

Google+

Auch Google+ bekommt bei Jimdo sein eigenes Integrations-Plugin und lässt Ihre Kreise auch hier wirken.

RSS-Feed

Geradezu beeindruckend, wie hartnäckig sich RSS-Feeds als Austauschformat zwischen Plattformen halten. Platzieren Sie dieses Element und hinterlegen Sie einen RSS-Link. Lassen Sie zum Beispiel (stets aktuell) die letzten fünf Top-Artikel Ihrer Lieblings-Tageszeitung auf Ihrer Jimdo-Page erscheinen.

Flash

Wenn es ein legendäres Format gibt, das von moderner Internettechnologie und einigen Konzernen kollektiv vernichtet wurde, dann ist es Flash. So richtig vermissen tut es keiner und für manchen z.B. Player wird es eben halt noch gebraucht. Hier kann man ein Flash-File hochladen und aktivieren.

Jimdo-Box

Die Jimdo-Box ist eine Miniatur-Anmeldung für das Erstellen einer neuen Jimdo-Page. Eingebunden auf der eigenen Seite kann man Jimdo supereinfach weiterempfehlen.

Sofern Sie bereits einen Blog eingerichtet haben, verfügen Sie weiterhin über ein Element namens »Bloganzeige«, dessen Funktion und Konfiguration im Kapitel *»Der Jimdo-Blog«* beschrieben wird.

3.2 Elemente verschieben, duplizieren und löschen

Sobald ein Element gesetzt und gespeichert ist, finden Sie beim sogenannten »mouse-over« (dem Überstreichen des Elements mit der Maus, ohne zu klicken) auf der linken oder rechten Seite des aktiven Elements einen kleinen Überhang mit den Symbolen nach oben, nach unten, löschen und duplizieren. Weiterhin ein Kreuz auf einer grauen Fläche rechts als Symbol für »manuelles Verschieben« und »Verschieben in die Zwischenablage«.

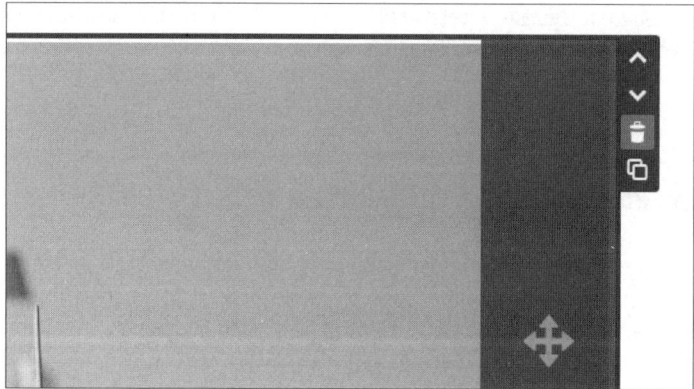

Mit den Buttons für NACH OBEN und NACH UNTEN kann ein gesetztes Element in einer Liste von Elementen um jeweils eine Position nach oben oder unten verschoben werden.

Mit der Löschfunktion lassen sich Elemente direkt und unwiederbringlich löschen. Das System fragt einmalig nach, ob das Element *wirklich* gelöscht werden soll.

Wenn Sie ein Element (oder innerhalb einer Spaltenkonstruktion mehrere kombinierte Elemente) duplizieren möchten, klicken Sie auf das Duplikations-Symbol. Das Element wird ohne weitere Rückfrage verdoppelt und unterhalb des Herkunfts-Elements angeordnet. Von hier kann es verschoben, umgearbeitet oder per Zwischenablage auf eine andere Seite verschoben werden.

3.3 Die Zwischenablage

Jimdo verfügt über eine Zwischenablage, innerhalb derer Elemente am rechten grauen Rand mit Kreuzpfeilsymbol per Drag&Drop (Aufnehmen per Linksklick und Loslassen im sich öffnenden Kopfbereich) verschoben werden können.

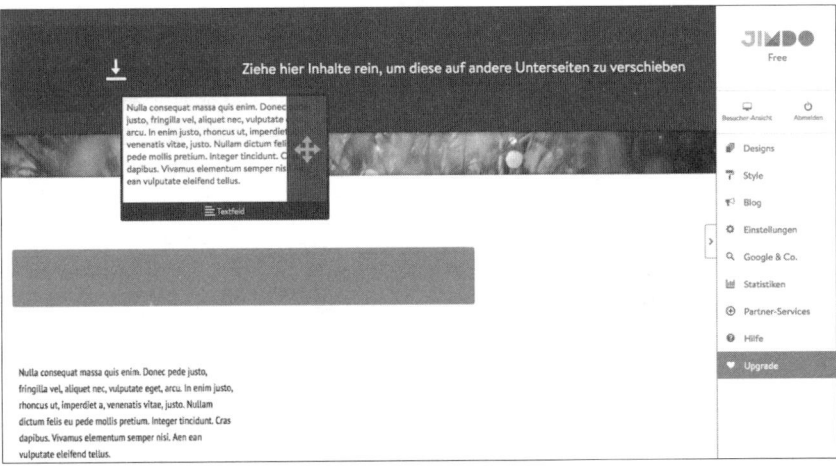

Die Zwischenablage ist durchaus in der Lage, viele Elemente aufzunehmen, die auf einer oder mehreren anderen Seiten wieder herausgeholt und platziert werden können. Auch über den *Logout* aus der Jimdo-Seite heraus bleiben die in der Zwischenablage platzierten Elemente vorhanden.

Aufgrund des beschränkten Komforts eignet sie sich aber nicht als dauerhafter Speicher für Elemente.

Kapitel 4

Die Jimdo-Elemente im Detail

Nachdem Sie nun einen ersten Einblick in die Liste der verfügbaren Jimdo-Elemente erhalten haben und wissen, wie man Elemente bewegt, löscht und platziert, geht es nun in die Detailerläuterung zu den Fähigkeiten der einzelnen Elemente.

Wissenswert:

- Die Elemente *Überschrift* und *Trennstrich* **können** über den Modus STYLE > DETAIL STYLING gestaltet werden. Die Elementenbox selbst bietet Ihnen keine Option für eine Gestaltung.

- Ausschließlich bei Elementen mit konfigurierbaren Texten und HTML-Modus wie *Textfeld*, *Text mit Bild*, *Shop-Produkt*, *Widget / HTML* und *Tabelle* lassen sich Textfarben, Größen, teilweise Schriften etc. editieren.

- Bei allen anderen Elementen, also *Bild*, *Bilder Galerie*, *Abstand*, *Video*, *Share Buttons*, *GoogleMaps*, *Dateidownloads*, *Gästebuch*, *Produktübersicht*, *Formular*, *Tabelle*, Social-Media-Elemente, *RSS-Feed* und *Jimdo-Box* ist ausschließlich inhaltliche oder voreingestellte optische Konfiguration möglich – explizit keine individuelle visuelle Gestaltung außer bei Button-Elementen.

Für die nachfolgenden Beschreibungen wird davon ausgegangen, dass Sie (eingeloggt) durch Klick auf

oder durch Anklicken eines vorhandenen Objekts ein entsprechendes Element platzieren oder zur Bearbeitung per Klick auf das Element öffnen.

Für (beinahe) alle Elemente gilt, dass Sie nach deren Bearbeitung immer auf den am unteren Rand befindlichen Button SPEICHERN klicken müssen, um Ihre Eingaben zu bestätigen.

Manche Elemente (z.B. zeitweise die Multifelder im Element FORMULAR) schalten übrigens erst beim Wechsel auf die Besucher-Ansicht zuverlässig zur finalen Front-Ansicht um.

Ein Lob für das kleine hilfreiche Fragezeichen am Seitenrand der Elemente.

4.1   Überschrift

Bei der Überschrift haben Sie die Möglichkeit, eine beliebig lange Textzeile zu integrieren und diese (unsinnigerweise) als GROSS (h1), MITTEL (h2) oder KLEIN (h3) bezeichneten Elemente zu definieren.

Unsinnig ist die Bezeichnung deshalb, weil die Überschriften der Kategorie h1 bis h3 zunächst einmal wichtige strukturelle Informationsträger für Ihren Webseitenbesucher und für Google sind.

Eine Überschrift h1 kann dennoch klein – also mit einer geringen Punktgröße gestaltet – sein, wohingegen wir der »kleinen Überschrift« auch einen riesigen Font zuordnen können. Wichtig ist: Jede Unterseite erhält nur eine einzige h1-(groß-) Überschrift und kann mehrere h2 oder h3 enthalten. Im Textfeld der Überschrift kann übrigens kein HTML, keine Links oder irgendeine Formatierung hinterlegt werden.

Das Design des Elements findet über STYLE > DETAIL STYLING statt.

4.2 Textfeld

Dies ist eines der fähigsten Elemente mit zahlreichen Möglichkeiten zur Gestaltung, Formatierung und individuellen Nutzung von Text.

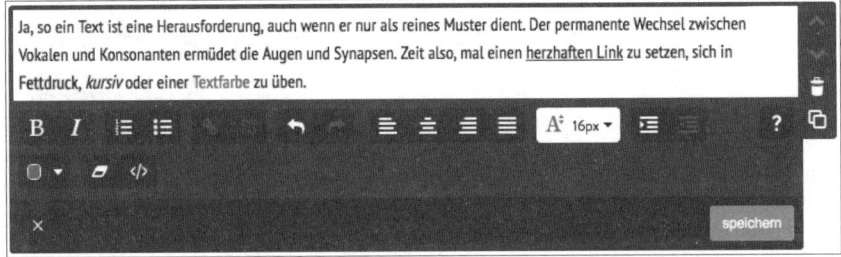

Viele der enthaltenen Funktionen sind aus Textverarbeitungsprogrammen wie Microsoft Word oder anderen Web-Editoren bekannt.

Sobald Textabschnitte markiert sind, können Inhalte mit den Funktionen Fettdruck, kursiv, Aufzählungen (gepunktet und nummeriert), Ausrichtung links, rechts, mittig oder Blocksatz versehen werden. Einige wesentliche Funktionen des Text-Editors verdienen, hervorgehoben zu werden:

Links (Kettensymbol)

Sobald Sie Text markiert haben, können Sie diesen verlinken und zwar

- auf interne Links (eine Liste der angelegten Seiten wird automatisch zur Verfügung gestellt),

- auf externe Links oder Mail-Adressen – einfach die Adressen im vorgegebenen und angezeigten Format eintragen,

- auf – sofern Sie einen Onlineshop angelegt haben – einzelne Artikel Ihres Onlineshops (eine Liste der vorhandenen Shop-Artikel wird dynamisch zur Verfügung gestellt) und

- auf – sofern Sie einen Blog angelegt haben – Ihre angelegten Blogartikel, die Ihnen als Liste zur Verfügung gestellt werden.

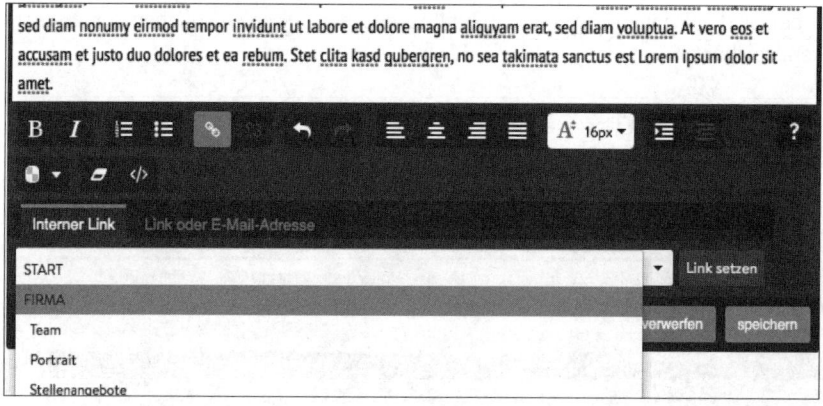

Unabhängig davon, welche Funktion Sie für den Link wählen: Sobald Sie ihn ausgewählt oder eingetragen haben, müssen Sie rechts auf LINK SETZEN und erst dann auf SPEICHERN klicken.

Links entfernen

Sobald Sie auf einem Text einen Link hinterlegt und diesen abgespeichert haben, erscheint bei Markierung der verlinkten Textstelle auch das Symbol einer gebrochenen Kette.

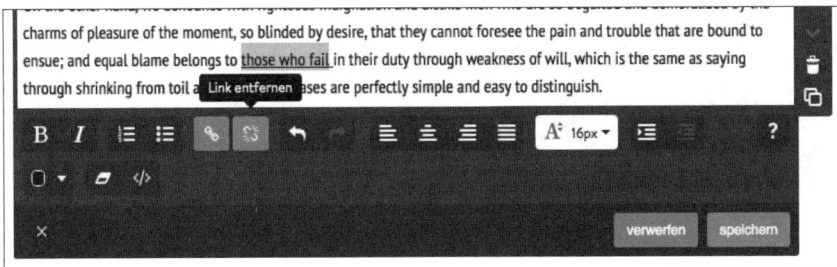

Damit können Sie im markierten Teil den hinterlegten Link mit einem Klick wieder entfernen. Auch eine solche »Entfernung« muss natürlich abgespeichert werden.

Rückgängig/Wiederholen

Wie in jedem guten Editor bietet auch dieser Editor eine Funktion für »rückgängig machen« und »wiederholen«.

Die beiden Funktionen sind durch Pfeilbuttons mit unterschiedlichen Richtungen gekennzeichnet.

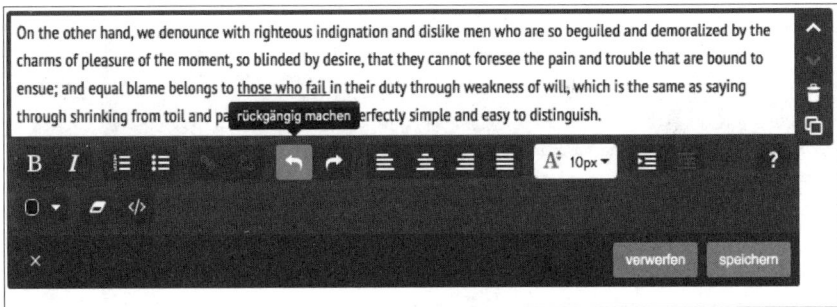

Schriftgröße

Situativ kann die Schriftgröße des Textelements oder des gesamten Textbereiches verändert werden. Dazu markieren Sie den gewünschten Textabschnitt und klicken auf die Größenauswahl.

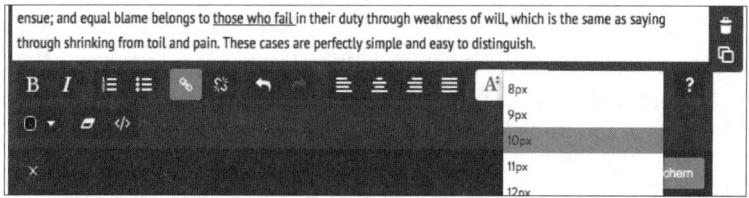

Wählen Sie hier bei Bedarf eine individuelle Größe für ausgewählte Textabschnitte.

Einzug vergrößern

Mit den Buttons für den Einzug verschieben Sie ausgewählten Text per Einzug nach rechts oder links. Vor allem zum Sortieren und Strukturieren von Auflistungen ist die Funktion sehr hilfreich.

Textfarbe

Ein kleines unscheinbares Quadrat in der zweiten Reihe der Textfunktionen öffnet den Farbwahlbereich, innerhalb dessen sich Farben für selektierten Text aus der Farbskala herauspicken oder als Hex- oder RGB-Wert eingeben lassen.

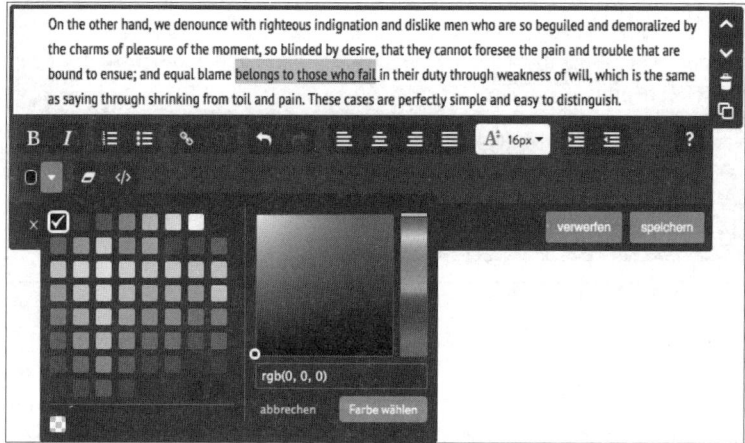

Die letzten acht gewählten Farben werden Ihnen zusätzlich unter den vorselektierten Farben angezeigt, um schnell auf häufig verwendete individuelle Farbwerte zugreifen zu können. Beachten Sie bitte, dass Sie ausgewählte oder eingegebene Farben stets zuerst mit FARBE WÄHLEN bestätigen müssen, bevor Sie die Farbwahl abspeichern.

Formatierung entfernen

Eine Lieblingsfunktion – der kleine Radiergummi! Texte, die man aus HTML-formatierten Umgebungen oder Word herauskopiert, neigen gelegentlich dazu, furchtbar unnütze oder nicht benötigte Formatierungen mitzuschleppen. Einfach Text markieren und auf dieses »Radiergummi-Symbol« klicken. Der Text wird von allen Formatierungen befreit.

Dann speichern.

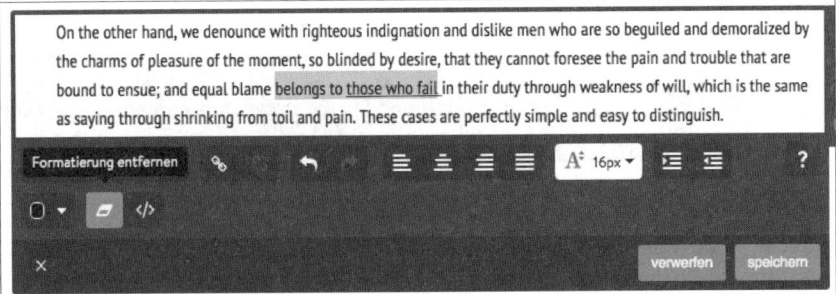

HTML bearbeiten

Per Klick auf den HTML-Button (das Klammersymbol) wechselt die Anzeige der Bearbeitung zum HTML-Modus.

Sofern Sie mit dem Code vertraut sind, können Sie hier eine Vielzahl von Dingen umsetzen. Fortgeschrittene können so zum Beispiel eine h2-Überschrift direkt im Code setzen, individuelle Tags, *divs* integrieren oder sonstige HTML-Befehle direkt hinterlegen.

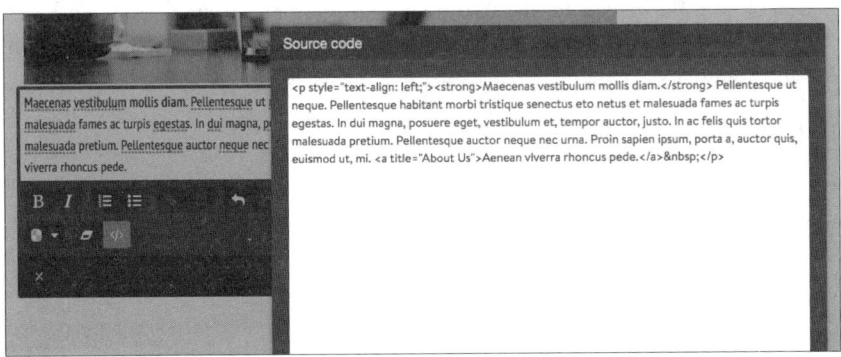

Sie sollten den HTML-Quellcode Ihrer Webseite nur bearbeiten, wenn Sie darin Erfahrung haben. Falls Sie etwas Bestimmtes nachschlagen wollen, hier der empfohlene Weblink: *http://de.selfhtml.org/*.

4.3 Bild

Wo immer es benötigt wird, können Sie mit diesem Element ein einzelnes Bild oder eine Grafik (vorzugsweise in den Formaten JPG, PNG, GIF) hochladen und in Ihrer Seite verfügbar machen.

Beachten Sie vorab die Größe (Maße) des Bildes, das Sie hochladen möchten. Ein winzig kleines JPG nimmt vielleicht wenig Speicherplatz weg, wird sich aber auf Ihrer Seite weder sinnvoll vergrößern lassen noch irgendwelchen qualitativen Mehrwert bieten.

Bei großformatigen Bildern (z.B. Digitalfotos, die mit einer hochauflösenden Kamera geschossen wurden mit einer Größe von gut und gerne 10 MB) stellt sich eher das Problem der Dateigröße.

Obwohl es kaum eine Begrenzung der MB-Größe für die Bilder gibt und obwohl das Bild nach dem Hochladen für die Darstellung im Internet optimiert wird, kann sich die Geschwindigkeit, mit der sich Ihre Seite beim Webseitenbesucher im Bildschirm aufbaut, spürbar verringern.

Dateiformate

Für Grafiken empfehlen sich daher die Formate GIF und PNG besonders, JPG ist ein ideales Format, um Fotografien im Web hochzuladen. Beim Hochladen kann es allerdings durch die automatische Komprimierung der Dateien zu qualitativen Abstrichen kommen.

Hochladen

Zurück zum Hochladevorgang: Klicken Sie auf den Button BILD HOCHLADEN und wählen Sie von einem Laufwerk das hochzuladende Bild aus.

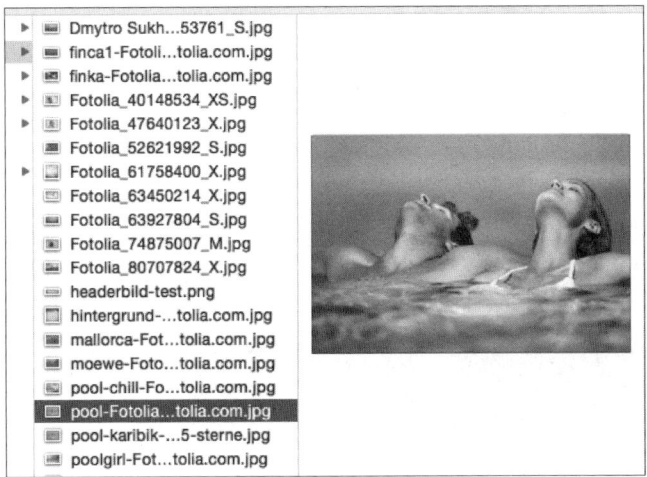

Optional können Sie beim Hochladen auch den Service DROPBOX konnektieren und Bilder von Ihrem Weblaufwerk verbinden. Folgen Sie dazu einfach dem Anmelde- und Verbindungsvorgang, der sich hinter dem Button DROPBOX versteckt.

Bildoptionen

Sobald Sie das Bild ausgesucht und übertragen haben (dieser Vorgang startet unmittelbar nach der Auswahl des Bildes und ist an einem kleinen blauen Ladebalken erkennbar), können Sie die weiteren Bild-Funktionen nutzen. Diese sind:

- Vergrößern des Bildes (wenn die Bildgröße es hergibt)
- Verkleinern des Bildes
- maximale Größe des Bildes herstellen

- linksbündig
- mittig
- rechtsbündig
- Bild 90° gegen den Uhrzeigersinn drehen
- Bild 90° im Uhrzeigersinn drehen
- Funktion LIGHTBOX (das Bild wird im Ansichtsmodus auf Klick vor einem abgedunkelten Screen in maximaler Größe dargestellt)
- Verlinken des Bildes (mit einem internen Link, einem externen Link oder Mail-Adresse, einem eigenen Blog- oder Shop-Artikel)
- Löschen eines hinterlegten Links
- Bearbeiten eines Untertitels und Alternativtextes
- Freigabe des Bildes auf Pinterest

Zusätzlich verfügen hochgeladene Bilder über blaue runde Skalierpunkte an den äußeren Kanten, mit denen das Bild stufenlos größer oder kleiner gezogen werden kann.

4.4 Bild mit Text

Ein sehr vielseitiges Element, bei dem die Funktion der Elemente TEXTFELD und BILD miteinander kombiniert werden.

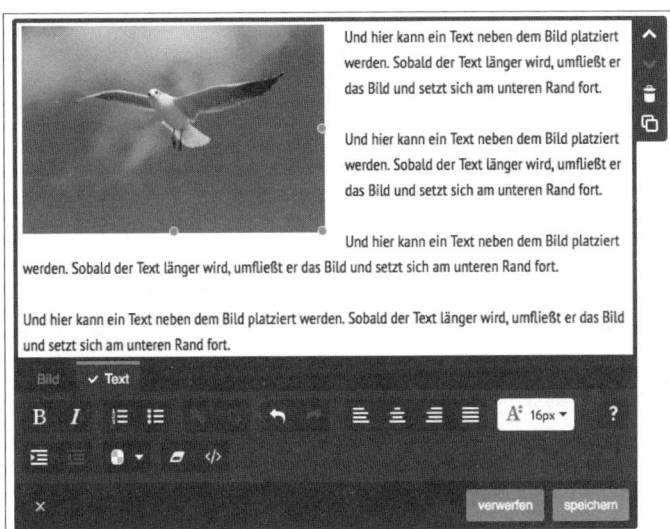

Reiter Bild und Text

Wie man erkennt, gibt es zwei Reiter Bɪʟᴅ und Tᴇxᴛ, zwischen denen hin- und hergeschaltet werden kann. Die Einstellungen für den Textbereich verhalten sich dabei exakt so, wie im ersten Element Tᴇxᴛғᴇʟᴅ beschrieben.

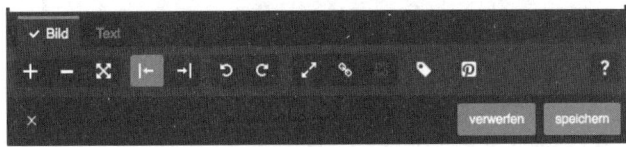

Der einzige Unterschied zum vorab beschriebenen Element Bɪʟᴅ besteht darin, dass eine mittige Ausrichtung entfällt. Das Bild kann lediglich links oder rechts platziert werden, damit es sich brav mit dem Text arrangieren kann.

Einsatz

Achten Sie bei diesem Element auf eine ausgewogene Platzverteilung zwischen Bild und Text, damit eine gute Wirkung des Elements erzielt wird. Das wirkt sehr aufgeräumt, wenn zum Beispiel zwei Bild-Text-Elemente später nebeneinander in einem Spaltenelement angeordnet werden.

| Und hier kann ein Text neben dem Bild platziert werden. Sobald der Text länger wird, umfließt er das Bild. |  | Und hier kann ein Text neben dem Bild platziert werden. Sobald der Text länger wird, umfließt er das Bild. |  |

4.5 Bildergalerie

Dieses Jimdo-Element befindet sich in einer scheinbar permanenten Verbesserung und wartet regelmäßig mit neuen Features auf. Die wichtigste zuerst: Jimdo hat – dies schon vor einiger Zeit – die Bildergalerie aus ihrem tristen Flash-Dasein erlöst und eine schicke HTML5-Variante erstellt, die wirklich auf jedem Browser ohne irgendwelche nervigen Plugins genutzt werden kann.

Weitere Kompositionsfunktionen runden die Bildergalerie als sehr beliebtes Element ab.

Unübersehbar ist beim Aktivieren dieses Elements, wohin die Bilder »gezogen« werden sollen bzw. wohin man klickt, um gleich mehrere Bilder auf einmal hochzuladen.

Im Vergleich zum Element BILD können hier nämlich mehrere Bilder auf einmal angesteuert und hochgeladen werden. Je nach Größe der Bilder dauert es ein wenig. Der
Ladezustand ist jedoch permanent einsehbar.

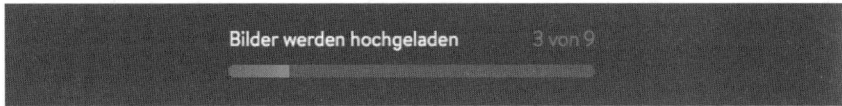

Die Bildergalerie bietet Ihnen vier unterschiedliche Modi zur Darstellung mehrerer
Bilder:

- Horizontale Bildanordnung
- Vertikale Bildanordnung
- Raster und
- Slider

Diese unterschiedlichen Modi sind allesamt mit unterschiedlichen Einstellungsmöglichkeiten versehen. Nur eine wichtige und häufig gesuchte Funktion vereint die
unterschiedlichen Galerietypen: der Wechsel zwischen Kachel- und Listenansicht, innerhalb derer die Bilder auch individuell verlinkt werden.

Kachel- und Listenansicht

Diese finden Sie direkt auf der ersten und zweiten Position links neben dem Wort
BILDGRÖSSE im Bearbeitungsfeld:

bzw.

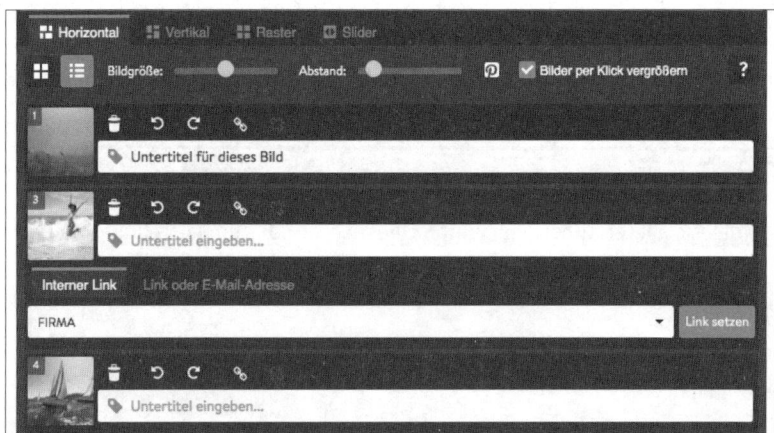

Hier können Sie – egal, in welchem Modus Sie Ihre Bildergalerie später verwenden möchten, die einzelnen Bilder mit Untertiteln versehen, sie drehen, ihnen Links zuweisen, diese Links löschen und natürlich die Bilder in beiden Ansichten per Drag&Drop in ihren Positionen (und damit in der Reihenfolge) verschieben.

Bildergalerie Horizontal

Was genau die einzelnen Einstellungen im Ergebnis bewirken, hängt bei den ersten beiden Einstellungen sehr vom Mix der verwendeten Bilder (nur Querformate oder Hoch- und Querformate gemischt) ab.

Bei der horizontalen Galerie werden die Bilder in einem selbstverständlich horizontal orientierten Arrangement dargestellt und können in der Bildgröße mit vier Stufen und im Zwischenabstand der Bilder von 0 bis 20 Pixel moduliert werden. Das System versucht dabei – je nach Reihenfolge der Bilder –, die flachste Variation der Bilddarstellung umzusetzen.

Mit einem Klick auf die Checkbox BILDER PER KLICK VERGRÖSSERN wird der Großbildmodus mit dem Lightbox-Effekt für die Einzeldarstellung bei Klick aktiviert. Bilder, die einen hinterlegten Link besitzen, verlinken dabei unverändert und werden nicht im Großbildmodus gespielt.

Ein gutes Feature in der Großansicht (Bilder per Klick vergrößern) ist die Pfeilnavigation inkl. »Play-Modus«, mit dem sich alle hinterlegten Bilder in der Großansicht durchklicken und sogar hintereinander automatisch abspielen lassen. Auch ein komfortabler Vollbildmodus und eine Vergrößerung sind hier hinterlegt.

Bildergalerie Vertikal

Die zweite Variante bedient sich derselben Tricks und baut die Bildergalerie in einem hochformatigen Modell auf.

Bildergalerie Raster

Dies ist die klassische Ansicht der Jimdo-Bildergalerie. Die Ansicht vieler automatisch auf ein Einheitsformat gerechneter Bilder in einer Galerieansicht bietet sehr gut koordinierbare Bildansichten, wenn die Bilddarstellung akkurat und präzise organisiert sein soll.

Dabei ist die Palette der Einstellungen eine sehr individuelle. Es handelt sich (neben Kachel- und Listenansicht) um folgende Einstellungsmöglichkeiten.

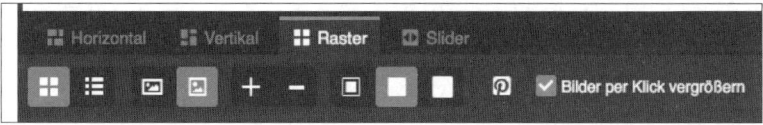

Darstellung in Originalproportion oder automatisch zum Quadrat zurechtgeschnitten (Fachwort »gecroppt«). Plus- und Minussymbole für stufenweise Größenänderungen plus drei Bilddesigns für eine Anzeige mit Rahmen, rahmenlos mit einem Pixel Abstand zwischen den Bildern und mit großem Abstand. Die Möglichkeit, Pinterest zu aktivieren, und die Vergrößerungsoption runden diesen Modus ab.

Bildergalerie Slider

Mit einem Slider können Sie einen Bereich in Ihrer Webseite direkt mehrfach nutzen und bieten eine unterhaltsame und aufmerksamkeitsstarke Bildpräsentation. Mit dem Slider bietet die Bildergalerie im vierten Reiter SLIDER ein lang gewünschtes Modul: den frei konfigurierbaren und gut gelungenen Bildslider.

Dieser Slider lässt sich extrem schnell mit Bildern bestücken und ist sehr komfortabel und logisch pflegbar. Entsprechend seiner Funktion benötigt er noch einmal individuelle Bedienelemente.

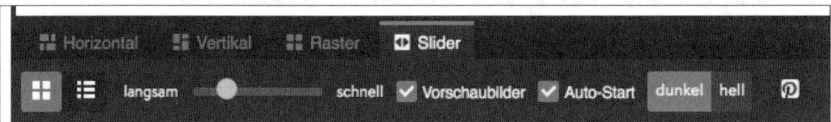

Die Geschwindigkeit zwischen den Motivwechseln kann von 20 Sekunden bis auf eine Sekunde reguliert werden. Miniaturisierte Vorschaubilder können anspruchsvolle Bildwelten unterstreichen und der Auto-Start legt unmittelbar los.

Beim Aktivieren der Vorschaubilder erscheint beim Ausspielen der Slideshow für jedes vorhandene Sliderbild eine direkt ansteuerbare Miniatur unterhalb des Sliders.

Die Buttons »dunkel« und »weiß« beziehen sich auf die semitransparenten Pfeil-Buttons, die in der Slideshow als Vor- und Zurück-Button fungieren. Unterschiedliche Slide-Effekte sind leider nicht auswählbar.

Für den Bildslider achten Sie bitte vor allem darauf, dass die im Slider verwendeten Bilder *alle* das exakt gleiche Format (Größe) besitzen, da sich die Gestaltung der Slideshow am größten Objekt ausrichtet und kleinere Bilder links und rechts undankbarerweise automatisch mit Randflächen versehen werden.

Abschließend können Sie auch beim Bildslider die Bilder durch Aktivieren der entsprechenden Checkbox per Klick vergrößern und das Teilen auf Pinterest erlauben. Sie können den Slider an beliebig vielen Stellen integrieren. Eine Vielzahl von Slidern auf einer Seite verfehlt allerdings den gewünschten Effekt und verlangsamt die Seite ... insbesondere in mobiler Hinsicht.

4.6 Trennstrich

Hurra. Endlich mal ein ganz einfaches Element! Trennstrich setzen: fertig – den müssen Sie nicht einmal abspeichern. Definiert wird der Trennstrich über die Einstellung DETAIL STYLING unterhalb von STYLE.

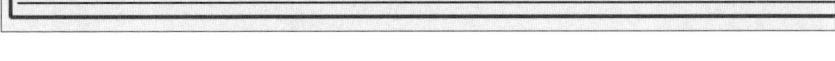

4.7 Abstand

Noch ein Element, das ganz einfach zu bedienen ist und sich seit seiner Einführung großer Beliebtheit erfreut: der Abstand. Platzieren Sie einen (unsichtbaren) Abstand zwischen Elementen, um sichtbaren Raum zu erzeugen.

Sie können sowohl einen Wert zwischen 5 und 500 (Pixeln) in den Abstandsbereich eingeben oder diesen manuell am geriffelten Bereich groß- oder kleinziehen.

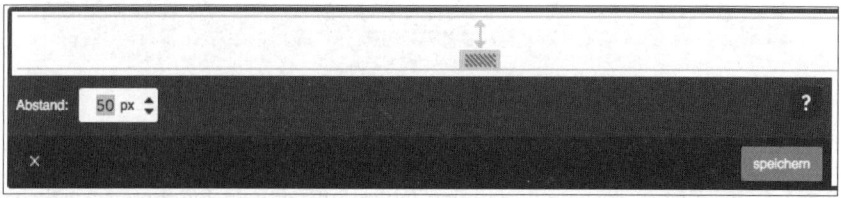

Beachten Sie, dass ein Abstand von 150 Pixeln situativ im Inhaltsbereich Ihrer Webseite auf der Desktop-Version gut aussehen kann, in der Mobilversion jedoch ein großes und für den Betrachter schwer verständliches Loch darstellen kann.

4.8 Spalten

Ein super Tool. Aber man muss definitiv den Umgang damit ein wenig erlernen und einige Regeln gibt es auch zu beachten. Das Spannende an diesem Element ist, dass es hilft, andere Elemente zu arrangieren. Es sorgt buchstäblich dafür, dass Elemente nebeneinandergestellt werden können.

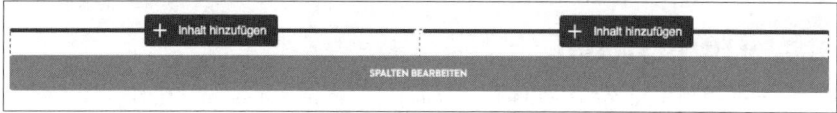

Dabei ist es (fast) unerheblich, welche Typen von Elementen Sie darin verbauen. Von einer bis acht Spalten ist alles möglich.

Spaltenelement erstellen

Wenn Sie ein Spaltenelement erstellen, wird automatisch ein Element mit zwei Spalten – so wie das obige – erstellt. Legen Sie (eingeloggt) den Mauszeiger, ohne zu klicken, auf das Spaltenelement. Ein blauer Balken SPALTEN BEARBEITEN erscheint. Klicken Sie diesen an.

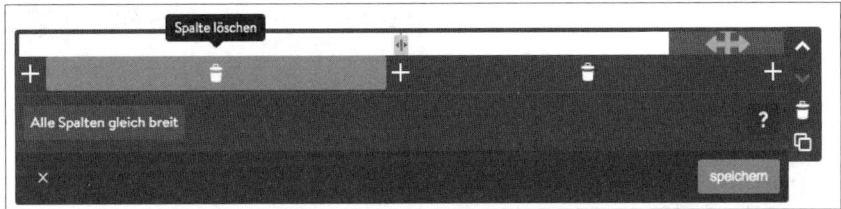

Neben dem Button Alle Spalten gleich breit erhalten Sie die Möglichkeit, Spalten zu löschen (es verbleibt dann ein Spaltenelement mit nur einer Spalte) oder über das Plus-Symbol eine neue Spalte hinzuzufügen.

Trenner

Mit dem Trenner zwischen den Spalten können Sie die Spaltengröße stufenlos und manuell festlegen. Ergänzen Sie noch eine Spalte über das Plus-Symbol und speichern Sie das Ergebnis.

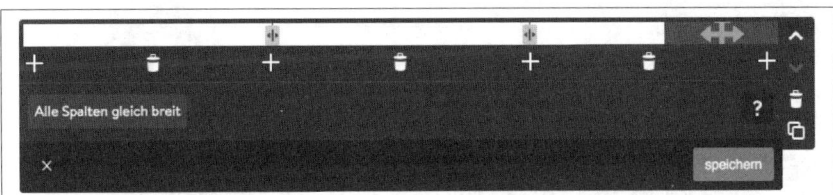

Sie sehen nun drei Spalten und zwei Trenner zwischen den Spalten.

Nach dem Speichern können Sie nun jede der Spalten individuell in der Breite skalieren, sie mit individuellen Inhalten füllen und harmonisch aufeinander abstimmen.

Natürlich müssen Sie die zu bearbeitenden Inhalte in der Spalte erst anklicken oder diese in den einzelnen Spalten erstellen.

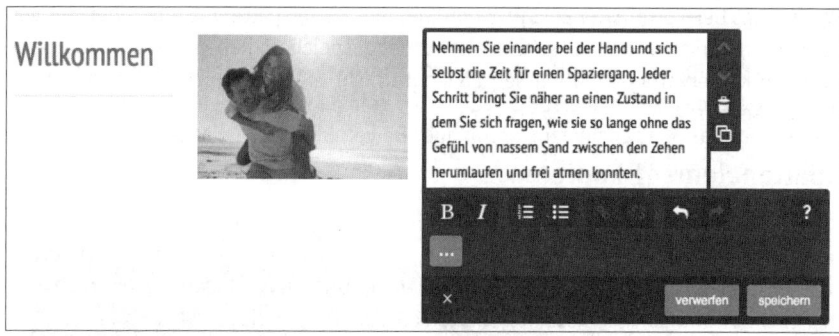

Spaltenelement mit nur einer Spalte

Wie eingangs erwähnt, können Sie auch aus einem Spaltenelement mit zwei und mehr Spalten jederzeit ein Spaltenelement mit nur einer Spalte erstellen, indem Sie die anderen Spalten löschen.

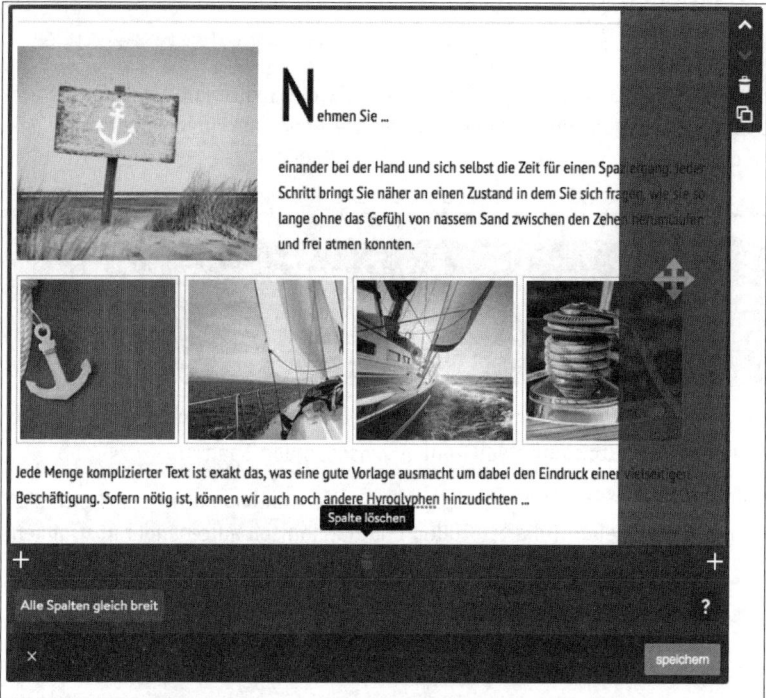

Worin liegt der Vorteil? Ganz klar: Wenn Sie eine Einzelspalte mit einer Vielzahl von Elementen versehen und diese Einzelspalte abgespeichert haben, besitzen Sie eine perfekte Kopiervorlage und müssen Elemente nicht einzeln kopieren und wieder zusammensetzen.

Spaltenelement kopieren

Wenn Sie ein Spaltenelement, das aus mehreren zusammengesetzten Elementen besteht, kopieren oder verschieben möchten, kann es passieren, dass man versehentlich nur ein einzelnes, in diesem Spaltenelement enthaltenes Objekt kopiert oder verschiebt, obwohl man die gesamte Spaltenkonstruktion bedienen wollte.

Achten Sie also darauf, im eingeloggten Zustand das gewählte Spaltenelement – ohne zu klicken – mit dem Mauszeiger zu »überfahren«. Es fährt am unteren Ende nach etwa einer Sekunde der blaue Balken mit der Bezeichnung SPALTEN BEARBEITEN aus.

Klicken Sie auf diesen blauen Balken, sodass das gesamte Spaltenelement in seiner Konstruktion sichtbar und bedienbar wird.

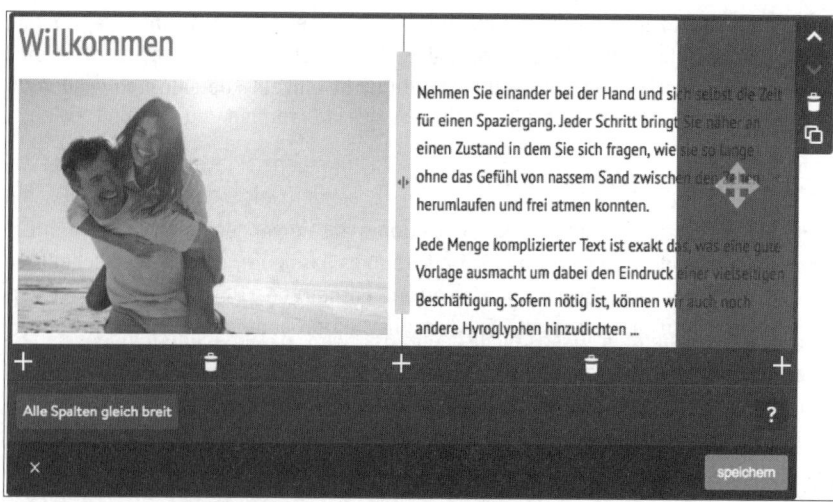

Nun ist das gesamte Spaltenobjekt mit seinen Elementen markiert. Sie können es komplett löschen, kopieren, verschieben und am Pfeilkreuz rechts per Drag&Drop (zum Beispiel in die Zwischenablage) verschieben.

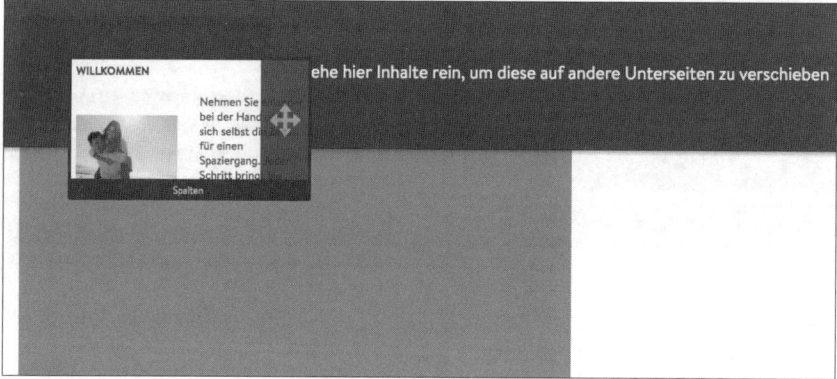

Wichtig zu wissen:

- Sie können kein Spaltenkonstrukt in eine Spalte verschieben.

- Sie können (bei aktiviertem Blog) keine Bloganzeige oder Blogartikel in einer oder mehreren Spalten stattfinden lassen.

- In der mobilen Darstellung bleibt das Spaltenkonstrukt nicht zwingend erhalten.

4.9 Video

Ein tolles Jimdo-Element, das es uns so einfach macht, wie es nur irgendwie geht. Unterstützt (also eingebettet) werden Videos der Plattformen YouTube und Vimeo.

Zum Verständnis vorab: Das Video-Element ist kein eigener Player, der Videodateien, die man auf Jimdo hochgeladen hat, abspielt, sondern ein »embedding tool«, mit dem man Videos, die vorab bereits auf YouTube oder Vimeo hochgeladen wurden, in die eigene Seite einbetten kann.

Ein wesentlicher Vorteil ergibt sich dabei in der Performance der Jimdo-Seite, die durch das Abspielen der Videos nicht beeinflusst wird, da abgebildete Videos de facto auf externen Videoplattformen liegen und abgespielt werden. Außerdem werden Videos so in mobilen Versionen Ihrer Seite automatisch skaliert und angepasst.

Alles, was Sie zum Einbinden benötigen, ist die jeweilige Video-URL, so wie sie auf YouTube oder Vimeo in der Browserzeile Ihres Browsers zu finden ist:

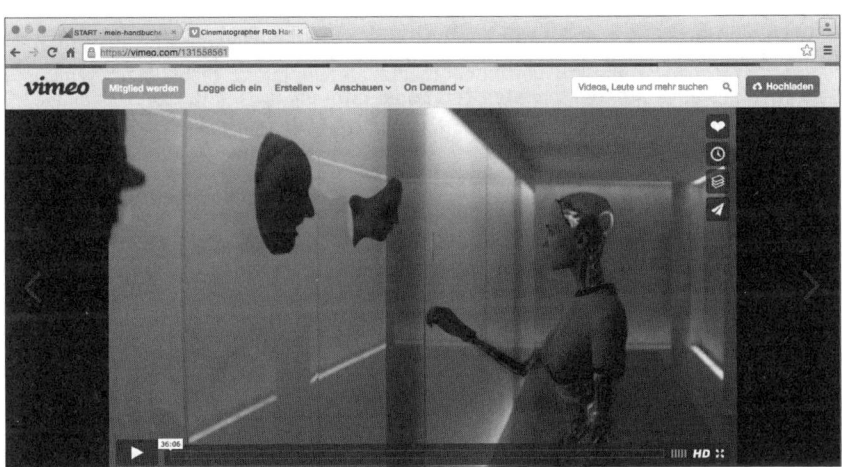

Kopieren Sie nur diese URL (und nicht etwa verfügbaren Einbettungscode) in die Adresszeile des Video-Elements:

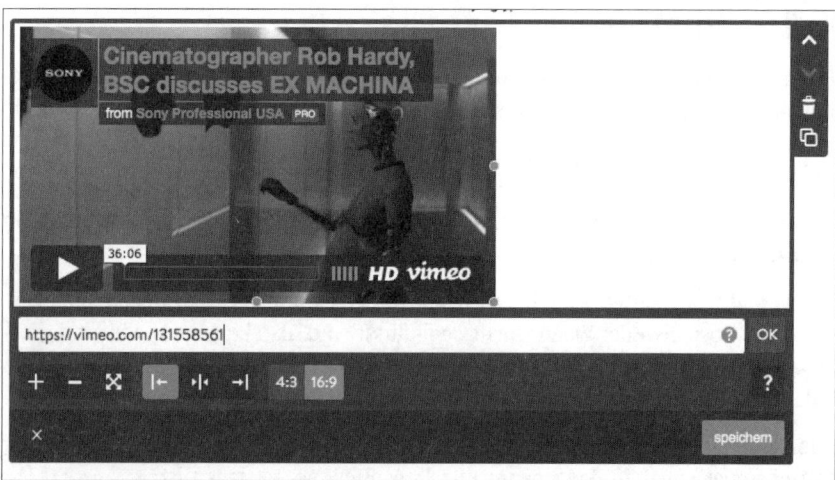

Ähnlich dem Element Bild können Sie auch das Video-Element durch + und - in der Größe skalieren (auch stufenlos durch das Ziehen der Skalierungspunkte an den Außenlinien des abgebildeten Videofensters) oder mit dem dritten Button MAXIMALGRÖSSE auf die maximale Breite des Anzeigebereiches – ggf. begrenzt durch eine limitierte Größe des Videos selbst – bringen.

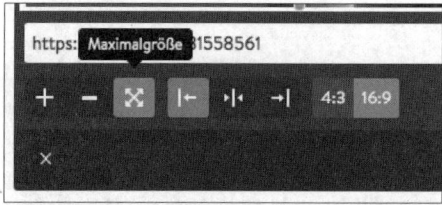

Die weiteren Funktionen sind Positionierung linksbündig, mittig, rechtsbündig und der manuelle Switch zu den Video-Formaten 4:3 bzw. 16:9.

Mit dem Abspeichern ist die Video-URL verlinkt und in Ihre Seite eingebettet. Falls es nicht funktionieren sollte, mag es daran liegen, dass es sich um ein Video handelt, das per Einstellung nicht auf anderen Seiten eingebettet werden darf oder dessen URL sich geändert hat.

Für selbst hochgeladene Videos haben Sie natürlich die vollständige Kontrolle über solche Einstellungen.

4.10 Button

Eines der jüngsten Jimdo-Elemente, dem zukünftig sicherlich noch viele Erweiterungen und Verbesserungen zugedacht werden. Fürs Erste handelt es sich um ein klassisches »Call to action«-Element, mit dem also eine deutliche Klickaufforderung in Form eines Buttons auf ein beliebiges Ziel generiert werden kann. Dieser Button kann als Element textlich frei definiert und verlinkt werden.

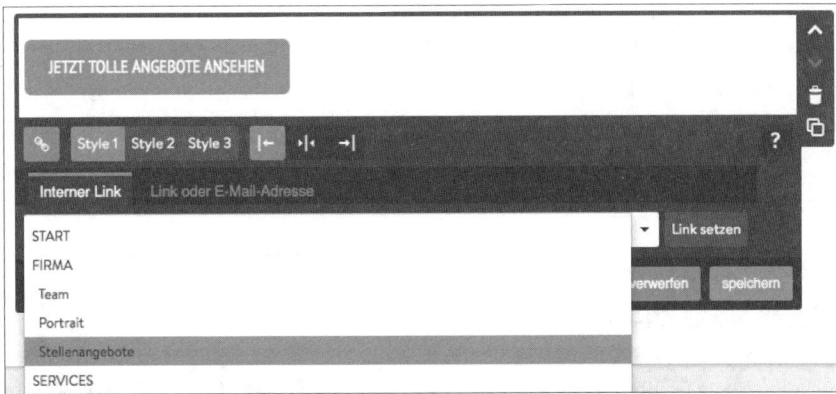

Es stehen drei unterschiedliche Button-Größen zur Verfügung, die Sie per Detail-Styling (über den Bereich STYLE) in den Grundzügen individuell ausgestalten können.

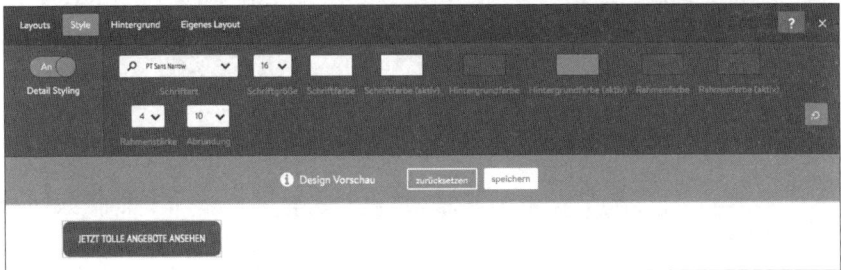

Das entscheidende Element eines solchen Buttons ist der Text, der kurz und knapp zum Klicken auffordern sollte. Hier können Sie jeden Button individuell betexten.

4.11   Shop-Produkt

Details zum Element Shop-Produkt finden Sie im Kapitel »*Der Jimdo-Shop*«.

4.12   Share Buttons

Diese Buttons sorgen bei den Inhabern von Jimdo-Seiten gelegentlich für Verwirrung, weil die erste Frage häufig lautet: »Benötige ich denn dafür nicht eine eigene Facebook-Seite / einen Twitter-Account etc.?« Nein. Wird nicht gebraucht.

Share Buttons sind kleine hilfreiche Buttons für die Besucher Ihrer Webseite und ermöglichen es diesen, mit nur einem Klick Ihre Seite oder bestimmte Inhalte davon in sozialen Netzwerken, Link-Communitys oder sonstigen Kanälen zu empfehlen.

Ihr Besucher muss also den Twitter- oder Google+-Account haben.

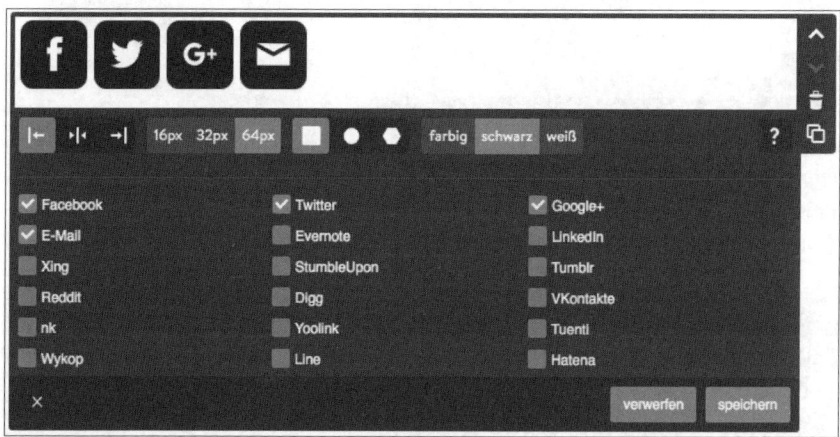

Sie haben dafür die Qual der Wahl, wie der Link-Button (der sich immer auf eine Empfehlung der aktuellen Seite bezieht, auf der er eingebunden ist) denn aussehen soll. Jimdo bietet Ihnen dafür drei Ausrichtungen, drei Größen, drei Formen und drei Farbstile.

Share Buttons werden gerne im Footer platziert und/oder in der Jimdo-Sidebar, damit sie als generelle Empfehlungsfunktion der Seite dienen. Sie können diese Buttons aber auch in einzelnen Shop-Artikeln, Blogeinträgen etc. verwenden, um es dem Besucher noch einfacher zu machen, eine Empfehlung auszusprechen und damit einen

Link auf Ihre Seite zu erzeugen. Und Links sind im Internet geradezu so etwas wie eine Währung und ungemein wichtig für Ihr Ranking bei Google.

Auch wenn die Anzahl der auswählbaren Kanäle wirklich repräsentativ und gut gemeint international ist, lautet die Empfehlung, nur jene Plattformen für Ihr Empfehlungsmanagement zu nutzen, die für Ihre Zielgruppen auch wirklich relevant sind.

Die nachfolgenden Funktionen finden Sie bei den Elementen unterhalb des blauen Trennbalkens WEITERE INHALTE.

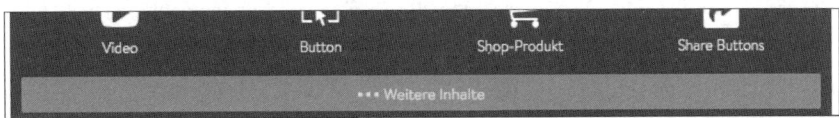

Sie sind grundsätzlich nicht weniger relevant, werden jedoch in der Regel seltener oder häufig nur bei der ersten Einrichtung der Seite genutzt.

4.13 GoogleMaps

Jimdo verfügt über eine einfach zu bedienende Schnittstelle zu GoogleMaps. Hier können Sie z.B. Ihre Privat- oder Geschäftsadresse(n) in eine Kartenansicht bringen und Ihren Besuchern die technisch ausgereiften Kartenservices und Routenplaner von Google anbieten.

Adresse eingeben

Sobald Sie das Element erstellt haben, öffnet sich eine Google-Weltansicht mit darunter liegendem Menü. Hier empfiehlt es sich – wenn Sie eine Geschäftsadresse abbilden möchten –, in das Suchfeld ORT SUCHEN eine möglichst genaue Adresseingabe im Sinne von »Stresemannstrasse 375 Hamburg« einzugeben und auf den nebenstehenden Button SUCHEN zu klicken. Die Adresse wird bei Klick auf SUCHEN automatisch korrigiert, sodass bei einer grundsätzlich auffindbaren Adresse diese in »Stresemannstraße 375, 22761 Hamburg, Deutschland« korrigiert wird.

Ortsmarke setzen

Klicken Sie auf NEUE ORTSMARKE SETZEN (es können auch mehrere gesetzt werden, wenn Sie den Kartenausschnitt groß genug halten). Es öffnet sich auf der von Ihnen mit der Ortsmarke versehenen Adresse eine »Sprechblase«, die per Klick mit weiteren Texten versehen werden kann.

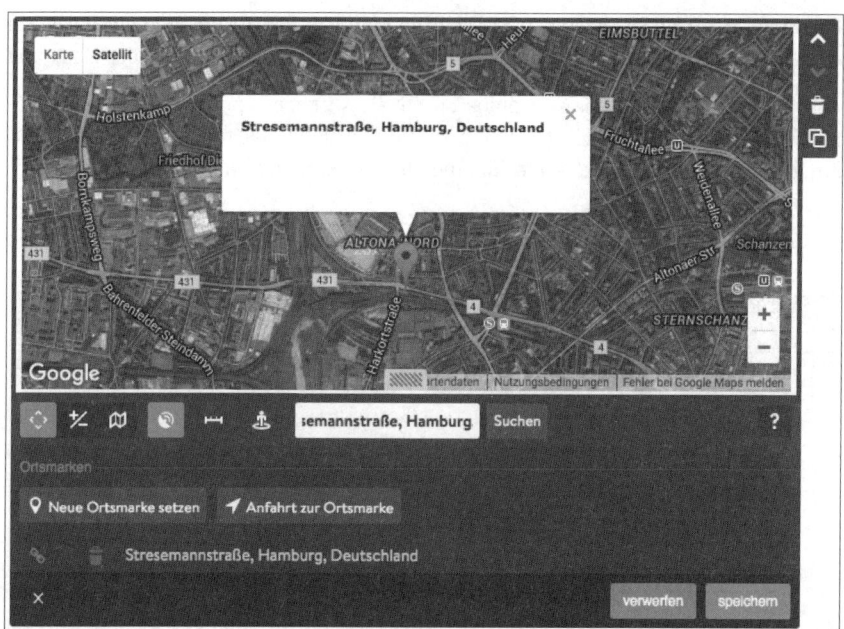

Zoomen Sie die Karte mit den darin integrierten Bedienelementen nach Ihren Vorstellungen heran oder weg und verschieben Sie sie mit der Maus, bis der gewählte Ausschnitt Ihren Vorstellungen entspricht.

Höhe definieren

Mit dem geriffelten Feld oberhalb des Adress-Suchfeldes können Sie die Karte stufenlos in der Höhe definieren.

Links neben dem Suchfeld für Adressen befinden sich sechs Buttons, mit denen Funktionen für GoogleMaps individuell aktiviert werden können. Bei kleinen Karten ist es empfehlenswert, weniger relevante Optionen (z.B. Maßstab) auszublenden und somit mehr Sicht auf die Karte zu ermöglichen.

Karten-Funktionen

Folgende GoogleMaps-Funktionen stehen Ihnen von links nach rechts zur Aktivierung zur Verfügung.

1. ZOOMSLIDER UND STEUERKREUZ ANZEIGEN: Falls nicht aktiviert, gibt es eine bekannte Alternative: Mit dem Mauszeiger auf der Karte lässt sich auch mit der Maus und dem Scrolling navigieren und zoomen.

2. ZOOMBUTTONS ANZEIGEN: Entfernung der +/- Zoomsteuerung unten rechts

3. KEINE KARTENNAVIGATION ANZEIGEN: Alle Bedienelemente werden auf der Karte ausgeblendet.

4. KARTENTYPEN ANZEIGEN: Hier können Sie einstellen, ob Ihr Besucher zwischen KARTEN- und SATELLITEN-ANSICHT per Button wählen darf oder ob er den von Ihnen vorgegebenen Kartenmodus ohne Änderungsmöglichkeit übernehmen soll.

5. MASSSTAB ANZEIGEN: Aktivieren oder deaktivieren Sie hier die Einblendung des Maßstabs der von Ihnen konfigurierten Karte.

6. STREETVIEW ANZEIGEN: Soll die Funktion STRASSENANSICHT (StreetView) optional für Ihre Besucher zur Verfügung gestellt werden? Für die Städte, in denen StreetView verfügbar ist, bedeutet die Aktivierung dieser Funktion den Wechsel in die Fußgänger-Fotoperspektive.

Anfahrtstool

Durch Aktivieren des Buttons ANFAHRT ZUR ORTSMARKE wird ein Routenplaner mit der Zieladresse eines oder (auswählbar) mehrerer Ortsmarken aktiviert.

Klicken Sie nach erfolgten Einstellungen auf SPEICHERN, um die Karte – die jede Ihrer (auch mit der Maus und den Zoomeinstellungen getätigten) Voreinstellungen übernimmt – zu aktivieren.

4.14 Dateidownload

Jimdo verfügt über einen sehr bequemen Downloadmanager, mit dem es möglich ist, in einem Pro- oder Business-Paket mehr als 53 Dateitypen (darunter zahllose Medien-, Web- und auch Office-Formate) in Einzelgrößen bis zu 100 MB als Download verfügbar zu machen.

Charmanterweise erhalten diese Downloads auch noch je Dateityp ein automatisch
erkanntes individuelles Downloadsymbol.

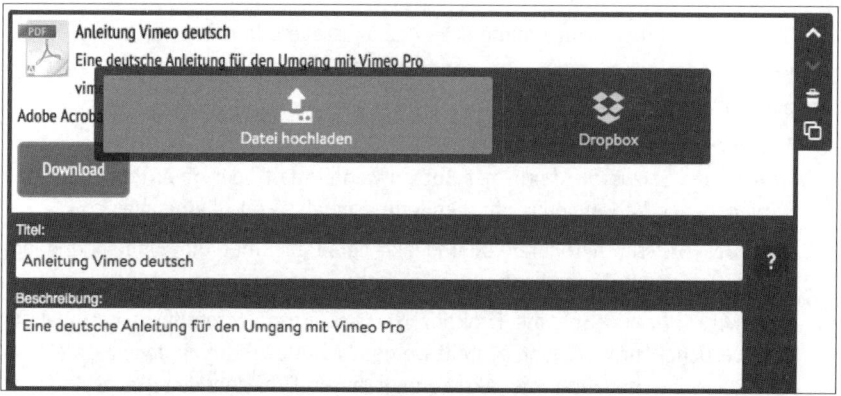

Neu ist in diesem Zusammenhang der Button DOWNLOAD, den man ab sofort mit der
Detail-Styling-Funktion auch gestalten kann.

Die Bedienung des Datei-Downloads ist einfach: Datei vom Rechner oder einer verbundenen Dropbox hochladen, optional Titel und Beschreibung vergeben – fertig
nach dem Speichern.

Durch die erzeugten Downloadlinks können Sie auch eine Downloadseite (im Menü)
unsichtbar machen und den Downloadlink auf z.B. einen Link oder ein Bild als Link
hinterlegen.

4.15 Gästebuch

Bis auf einige optische Komponenten hat sich das Jimdo-Gästebuch in den letzten
fünf Jahren kaum verändert. Das bedeutet vermutlich, dass es die ihm zugedachte
Aufgabe redlich meistert.

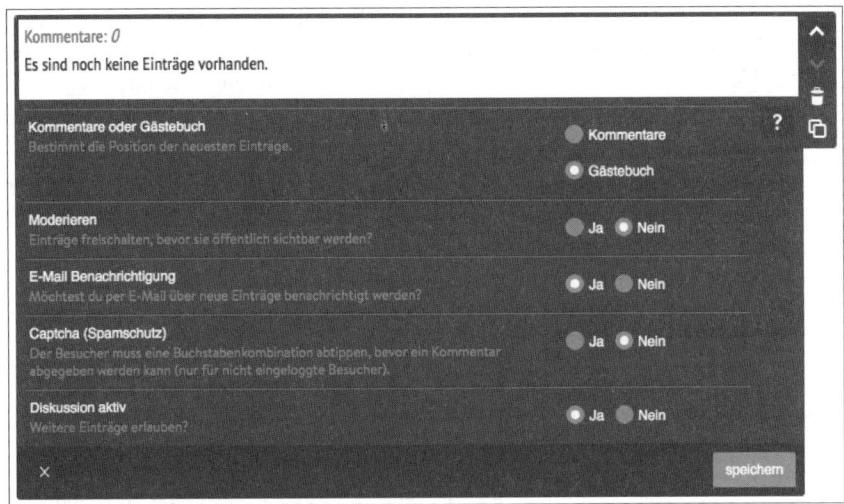

Funktionsdetails

Das Gästebuch bietet Ihnen die wesentlichen Funktionen, um professionell geführt zu werden. Dazu gehören:

- Einrichtung als KOMMENTARE oder als GÄSTEBUCH. Bei den KOMMENTAREN geht die Reihenfolge der Einträge von oben nach unten, das heißt: ältester Eintrag zuerst, neue Kommentare unten. Beim GÄSTEBUCH ist der oberste Eintrag immer der neueste. Gästebücher hat man üblicherweise nur eines – Kommentare können Sie zu bestimmten Themen oder Seiten Ihrer Jimdo-Page immer wieder ermöglichen.

- Einträge MODERIEREN. Sie haben die Möglichkeit, Einträge, die auf Ihrer Webseite im Gästebuch bzw. bei den Kommentaren hinterlassen werden, erst zu lesen, um sie dann freizuschalten. Wenn Sie diese Einstellung deaktivieren, erscheinen die Einträge sofort. Der Webseitenbenutzer »erfährt« von dieser Freischaltungs-Funktion erst, wenn er seinen Eintrag bereits hinterlassen hat, und muss sich bis zur Freischaltung gedulden. Um den Eintrag Ihres Besuchers freizuschalten, müssen Sie sich in Ihre Jimdo-Page einloggen und die Freischaltung im Gästebuch veranlassen, das Sie zu diesem Zwecke aufrufen. Sie können freigegebene Einträge auch jederzeit wieder verbergen, ohne sie zu löschen.

- E-MAIL-BENACHRICHTIGUNG: Lassen Sie sich automatisch per E-Mail an Ihre hinterlegte Stammadresse benachrichtigen, wenn ein neuer Kommentar oder Gästebucheintrag eingetroffen ist und – je nach Einstellung – darauf wartet, von Ihnen freigeschaltet zu werden.

- CAPTCHA – seltsame Buchstabenkombinationen vor dem Versenden von Formularen a) überhaupt lesen zu können und b) einzufügen, gehört zu den Hässlichkeiten des Webs, erfüllt aber als Spamschutz durchaus seinen Sinn. Hiermit integrieren Sie ein solches sogenanntes Captcha.

- DISKUSSION AKTIV: Manche Kommentarlisten oder Gästebücher sind nur temporär zu bestimmten Themen zugänglich. Sie können über den Button DISKUSSION AKTIV Ihr Gästebuch oder Ihre Kommentarliste schließen. Oberhalb der dann immer noch vorhandenen bisherigen Einträge steht dann automatisch »Diskussion geschlossen«, und das Formular zur Beisteuerung neuer Beiträge ist ausgeblendet.

Gästebücher migrieren

Oft ist es gewünscht – wenn Ihre Jimdo-Page die Nachfolgeseite einer älteren Homepage mit Gästebuch darstellt –, die früheren Einträge eines Gästebuches zu migrieren, also hinüberzukopieren. Sie haben hierzu zwei Möglichkeiten.

Erste Möglichkeit und nicht empfohlen bei vielen Einträgen: Sie kopieren aus der alten Webseite alle Einträge 1:1 in Ihr neues Jimdo-Gästebuch, was vermutlich mehrere Stunden dauern wird. Alle alten Einträge werden mit dem tagesaktuellen Datum als Eintragsdatum versehen.

Möglichkeit zwei (empfohlen): Sie fügen unter Ihren Navigationspunkt GÄSTEBUCH einen Untermenüpunkt »Gästebuch-Archiv« ein und füllen diese Seite (die Sie als TEXT anlegen) mit den aus dem alten Gästebuch seitenweise herauskopierten Einträgen. Auf diese Art bleiben die Einträge erhalten, auch wenn sie nicht im eigentlichen »Gästebuchformat« angelegt sind.

Gelöschtes Gästebuch

Ein letzter Hinweis: Die Einträge eines einmal gelöschten Gästebuches lassen sich leider nicht und nie wieder herstellen.

4.16 Produktübersicht

Ebenso wie Details zum Element »Shop-Produkt« finden Sie Ausführungen zum Element »Produktübersicht« im Kapitel *»Der Jimdo-Shop«*.

4.17 Widget / HTML

Sie möchten einen vorkonfigurierten Code für ein bestimmtes Tool oder eine Funktion von Dritten in Ihre Seite integrieren? Dann ist die WIDGET / HTML-Funktion die richtige Wahl. Sie erlaubt Ihnen die Integration von HTML oder Scriptcode auf Ihrer Seite.

Fremdcode (Widgets)

Damit können Sie einfach sogenannte Widgets (oder Snippets) in Form von HTML oder JavaScript-Code von anderen Services integrieren (z.B. Wetter am Zielort, externe Newsletter-Anmeldebox, Bannerwerbung, Reservierungstools etc.).

Einfach den Code in das offene Editorenfenster integrieren und abspeichern. Spätestens nach dem Umschalten auf die Besucher-Ansicht wird die darin befindliche Funktion voll sichtbar.

Eigener Code

Wenn Sie sich mit JavaScript, HTML, CSS etc. auskennen, können Sie natürlich auch eigene Codes oder Quelltexte hier hineinschreiben.

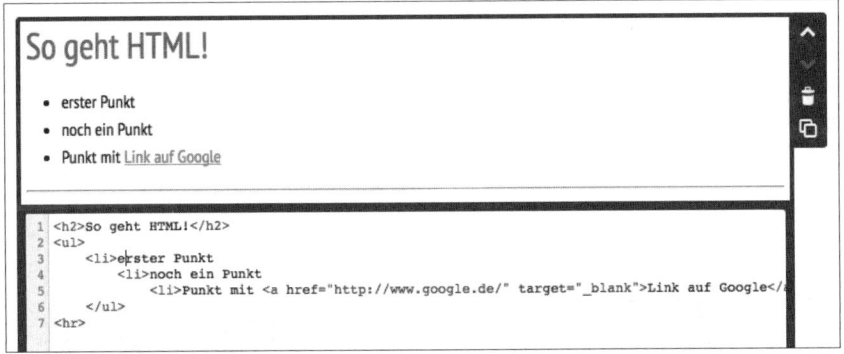

4.18 Formular

Das Element FORMULAR ist ein kleines, nicht ganz unkompliziertes Meisterwerk für sich. Eine Art kleines Jimdo in Jimdo selbst. Der Grund für das große Lob liegt darin, dass es seit jeher (ähnlich dem Thema »Tabellen«) eine unfassbar nervige Arbeit ist, Kontaktformulare mit ihren Prüfungen, Fehlermeldungen, Feldnamen, Captcha etc. auf die Beine zu stellen.

Egal, ob in WordPress mit Plugin-Unterstützung, in Typo3 oder handgestrickt: Dieses Thema hat Jimdo mit Bravour als Klassenbester gelöst und dabei wirklich viele Möglichkeiten von Formularen erhalten.

Formular planen und erstellen

Wie bei allen Web-Themen sollte man sich zunächst auch hier überlegen, welche Formularfelder wirklich zur Übermittlung benötigter Information gebraucht werden und welche Felder (oder sogar unnötige Pflichtfelder) den Besucher nerven, sodass er von der Verwendung des Formulars absehen wird.

Das neue Jimdo ermöglicht frei konfigurierbare Kontaktformulare. Dazu erstellen Sie auf dem üblichen Wege über + INHALT HINZUFÜGEN zunächst ein solches Element »Formular«, das Ihnen mit einigen vorkonfigurierten und typischen Feldern erstellt wird. In dieses Basisformular arbeiten Sie nach Ihren Vorstellungen anschließend frei hinein.

Sie stellen fest, dass der Formulareditor aus zwei Hauptbereichen besteht: den Formularfeldern und einem Editorenbereich.

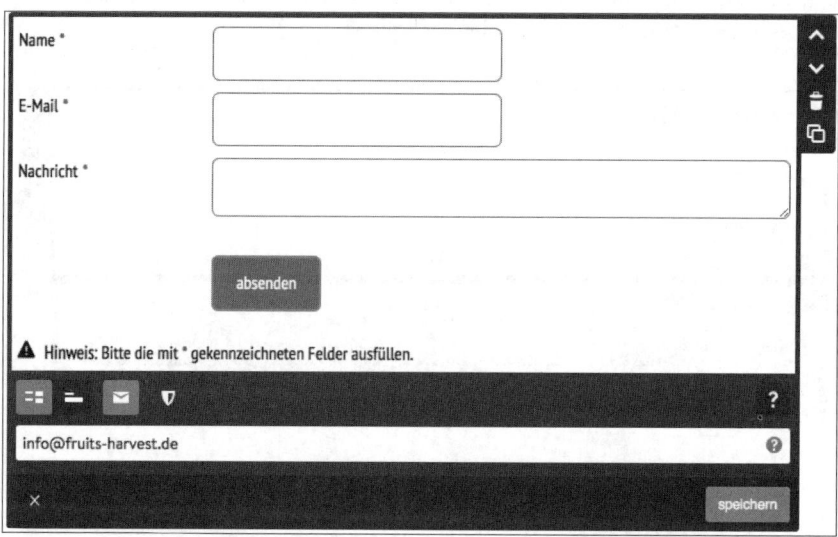

Unten befindet sich die E-Mail-Adresse, an die das Kontaktformular versendet wird. Dabei handelt es sich automatisch um die E-Mail-Adresse, die Jimdo von Ihnen kennt. Hier können Sie für jedes Kontaktformular eine individuelle Adresse hinterlegen.

Formularnachricht

Wenn Sie über eines Ihrer Kontaktformulare eine Nachricht empfangen, so sieht die Nachricht wie folgt aus:

Betreffzeile: Nachricht über *{IhreDomain.de}*

Hallo,

du hast eine Nachricht über deine Webseite *http://www.ihredomain.de/ihrmenupunkt/* erhalten.

- -

{Feldname}:	*{Angaben des Users}*
{Feldname}:	*{Angaben des Users}*
{Feldname}:	*{Angaben des Users}*

Die übermittelten Daten rekrutieren sich also aus den Feldbezeichnungen und den eingegebenen Daten.

Leider sind die Mailtemplates, die den Empfänger erreichen, nicht weiter konfigurierbar. Immerhin wird die genaue Absender-URL hinterlegt, sodass man Kontaktformulare auch einem bestimmten Sachzusammenhang zuordnen kann.

Formularfunktionen

Um zunächst im Zusammenhang der unteren Funktionsleiste zu bleiben, sehen Sie hier folgende Optionen:

- Zwei Buttons zum Anordnen von Feldname und Feldinhalt

- Den Button für Aktivierung und Formatierung bzw. Deaktivierung einer frei textbaren Versandbestätigung (nachfolgend geöffnet) und

- Die Möglichkeit, ein sogenanntes Captcha als Spamschutz einzubinden

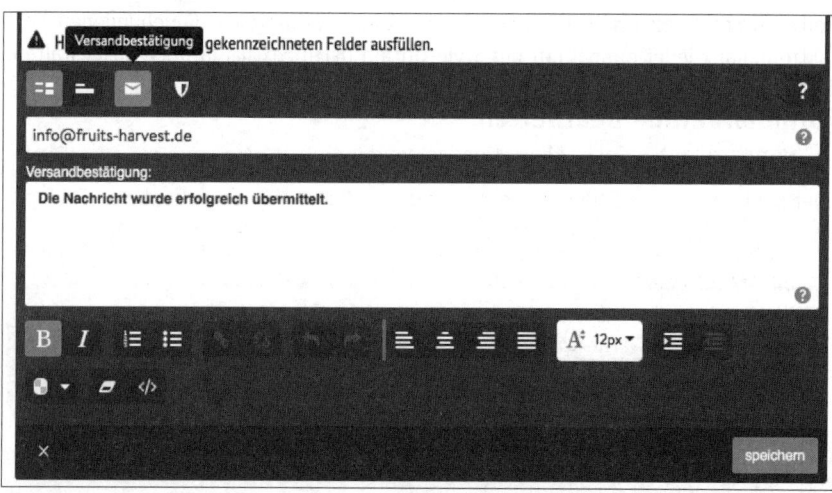

Für die Auswahl der Anordnung von Feldname und Feldinhalt (darüber oder links daneben) gibt es kein Falsch oder Richtig, sondern lediglich individuelle optische Gründe. Bei (zu vermeidenden) langen Feldnamen empfiehlt es sich, die Option DARÜBER zu wählen.

Captchas

Für den Einsatz von Captchas habe ich es mir selbst zur Regel gemacht, diese nur einzusetzen, wenn ein Formular sichtlich oder regelmäßig attackiert und zugespammt wird, denn Captchas sind unheimlich schlau und unheimlich *unbeliebt*. Insbesondere bei Brillenträgern wie mir selbst, die sich beim Lesen schon genug konzentrieren müssen und Zifferncodes nicht noch unleserlich und unlogisch zugleich brauchen.

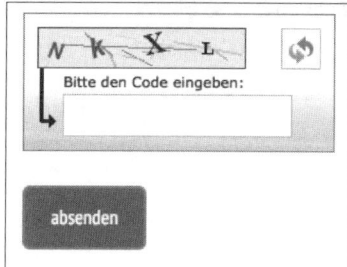

Den Absende-Button selbst können Sie bei einem erfolgreich eingebundenen Kontaktformular wieder einmal mit der Style-Option DETAIL STYLING farblich ausgestalten.

Formulardetails bearbeiten

Beim Bearbeiten der von Jimdo erstellten Formular-Vorlage gehen Sie mit der Maus über die hinterlegten Felder und erhalten die in Jimdo-Manier bedienbaren Feldoptionen für Kopieren und Löschen sowie die Option, neue Felder hinzuzufügen.

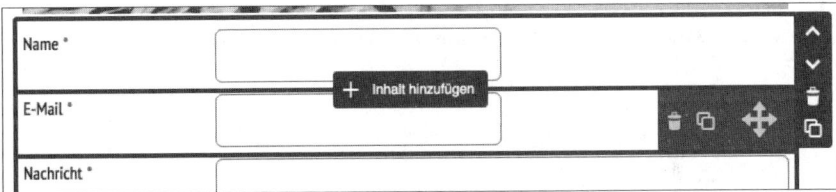

Anders als in anderen Jimdo-Elementen haben Sie hier die Möglichkeit, das Element selbst über weitere + INHALT HINZUFÜGEN zu ergänzen oder bestehende Felder im Element zu verschieben oder zu löschen.

Wenn Sie ein bestehendes Formularfeld anklicken, erhalten Sie Zugriff auf die mit dem ausgewählten Feldtyp verbundenen Optionen wie z.B. Breite, Pflichtfeld etc. und durch Markieren und Direkt-Hineinschreiben auch auf die Bezeichnung des Feldes:

Beim Erstellen eines neuen Feldes erhöhen sich die Optionen, denn hier erhalten Sie zunächst einmal die volle Auswahl möglicher Feldtypen angeboten, die sich dann individuell konfigurieren lassen:

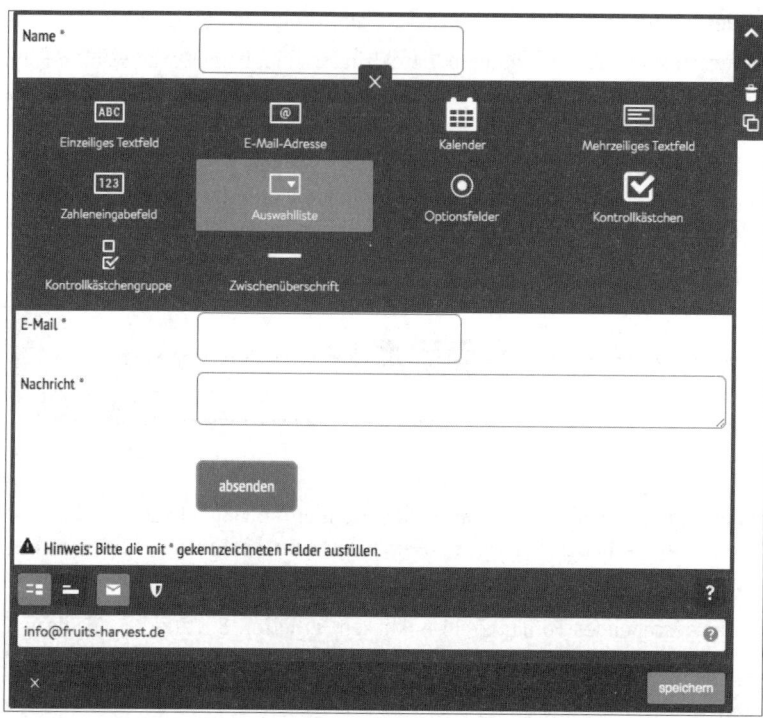

Hier wird es nun spannend, denn daraus ergeben sich neben vielen sinnigen Prozessen auch Möglichkeiten, Fehler zu machen, die es Ihrem Webseitenbesucher nachher unmöglich machen, mit Ihnen Kontakt aufzunehmen. Ehrensache, dass ein Kontaktformular, das Sie erstellt haben, natürlich auch ausgiebig live von Ihnen getestet wird.

Feldtypen für Formulare

Folgende Feldtypen stehen Ihnen im Jimdo-Formular zur Verfügung:

- **Einzeiliges Textfeld**

  Das typischste Feld, in das Sie von Text über Zahl bis Sonderzeichen alles eingeben können

- **E-Mail-Adresse**

  Wenn Sie die E-Mail-Adresse des Besuchers abfragen, prüft dieses Feld auch, ob es sich um eine E-Mail-Adresse mit den Komponenten @ und . darin handelt.

- **Kalender**

  Ist natürlich kein Kalender, sondern bietet ein ausklappbares Datumsfeld in Form eines Minikalenders an, mit dem sich wunderbare »von bis«-Abfragen (zum Beispiel für gewünschte Buchungszeiträume) erstellen lassen

- **Mehrzeiliges Textfeld**

  Die großen Textfelder nehmen ebenfalls jeglichen Inhaltstyp an und fordern geradezu dazu auf, viel zu schreiben. Kleine Empfehlung: Den Wert der »Zeilen« von (vorgegeben) 6 auf 3 verringern, erspart es Ihnen, manchen *Roman* lesen zu müssen.

- **Zahleneingabefeld**

  Hier werden nur Zahlen zugelassen. Und deshalb empfehle ich, vorsichtig zu sein, wenn es sich um ein Feld handelt, mit dem z.b. Telefonnummern oder auch Hausnummern aufgenommen werden sollen. Diese beinhalten nämlich im Zweifelsfalle auch Zeichen wie »+49(0221)« ... oder »123 b« und werden es dem Absender schwer machen.

- **Auswahlliste**

  Schön gelöst: Wert 1 eintragen > neue Zeile > Wert 2 eintragen > neue Zeile und fertig ist das Dropdown mit Auswahlmöglichkeiten. Durch einen zusätzlichen Klick auf Mehrfachauswahl können auch mehrere Felder aus der Liste ausgewählt werden. Dies benötigt allerdings beim User den Einsatz der Shift-Taste und schreit deshalb eher nach Umsetzung mit einer »Kontrollkästchengruppe«.

- **Optionsfelder**

  Eigentlich ein sogenannter »Radio-Button«. Ein Button für ein hübsches und klares Entweder/Oder.

- **Kontrollkästchen**

  Eigentlich eine sogenannte und so bekannte »Checkbox«, mit der man einen Haken an »Ja. Senden Sie mir auch Ihren Katalog« setzen kann.

- **Kontrollkästchengruppe**

  Begründen Sie ein Rudel von Checkboxen zur mehrfachen Auswahl von Möglichkeiten wie »Ich interessiere mich außerdem für {Option 1}, {Option 2}, {Option 3} und {Option 4}«.

- **Zeilenüberschrift**

  Ein Formularelement, das in Wirklichkeit gar keines ist. Lediglich zur Unterteilung von logischen Abschnitten wie z.B. »meine persönlichen Daten« und

»Angaben zu den Mitreisenden« macht es Sinn, innerhalb des Formulars Zwischenüberschriften zu setzen, damit die Lesbarkeit des Formulars sich erhöht. Dummerweise werden diese Zwischenüberschriften nicht in die E-Mail, die Sie aus dem Kontaktformular erreicht, übertragen, sodass Sie sich am Ende aufgrund der Reihenfolge der Formulardaten zusammenreimen müssen, ob das Geburtsdatum nun zum Antragsteller oder zum Mitreisenden gehört.

Fehlerpotenzial

Worin genau besteht denn nun das Fehlerpotenzial? Formularfelder – insbesondere bei umfangreichen Formularen – können, sobald man sie als Mail empfängt, für Verwirrung sorgen. Schnell stellt man fest, dass Vornamen wie Etienne oder Indra eben doch nach einem zusätzlichen Pflichtfeld »Anrede*: Herr/Frau« verlangen. Oder Sie erhalten mangels definierter Pflichtfelder keine Information darüber, worüber sich Ihr Kontaktsuchender denn gerne informieren möchte oder wie Sie ihn erreichen können, um dies zu klären.

Nervig für den Besucher ist auch, wenn Umsetzungsfehler dazu führen, dass ein Formular nicht abgesendet werden kann. Ein Beispiel: Sie bauen ein Formular, kopieren das (als E-Mail-Adresse konzipierte) Pflichtfeld für »E-Mail-Adresse« in die Zeile darunter und ändern die Feldbezeichnung in »Vorname«.

Der Absender des Formulars wird ein Dutzend Mal versuchen, seinen Vornamen dort einzutragen und Sie dann intensiv verfluchen, weil er nur eine wenig erhellende Fehlermeldung über dem Feld VORNAME erhält, das nach einer korrekten »E-Mail-Adresse« verlangt.

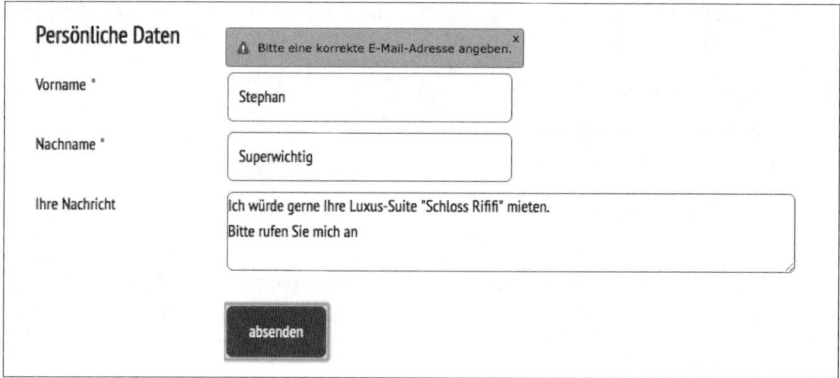

Tabelle   4.19

In jedem Fall erschwert es die Kontaktaufnahme doch sehr, die ja das Ziel Ihrer Be-
mühungen um eine erfolgreiche Webseite darstellt.

Eine andere Fehlerquelle besteht darin, dass – je nach Maileinstellung Ihres Providers
oder der Spamsensibilität Ihres Administrators – formulargenerierte Nachrichten gerne mal im Spam-Ordner landen. Hier hat Jimdo etwas Schlaues auf die Beine gestellt:
Alle Formularnachrichten, die an Sie abgesendet werden, landen unabhängig von
der Zustellung an Ihre oder eine andere Mail-Adresse unterhalb der Einstellungen in
einem Container namens »Formular-Archiv«. Doch dazu in späteren Kapiteln unter
»Einstellungen« mehr.

Wenn Sie an ein Formularfeld einen bestimmten Typus (zum Beispiel »E-Mail-Adresse«) vergeben haben, wird dieser mit einem Miniatursymbol zwar angezeigt, der
Typus lässt sich jedoch nicht mehr ändern. Im Falle von Fehlern beim Formularaufbau
löschen Sie also das falsch definierte Feld und erstellen ein neues mit der richtigen
Spezifikation.

Absendebutton betexten

Abschließend lässt sich im Übrigen auch die Schrift auf dem Absendebutton ABSENDEN
frei definieren. Klicken Sie ihn an und schreiben Sie einen neuen Text (»jetzt unverbindliche Anfrage stellen«) hinein.

4.19 Tabelle

Das Thema »Tabelle« ist ein weiteres großes Kapitel, unter dem schon zahllose Menschen Nerven lassen mussten und unverändert müssen. Selbst große Textverarbei-
tungen schaffen es regelmäßig, bei der Tabellengenerierung Frust zu hinterlassen.

Das liegt vor allem daran, dass Tabellen

a)   aus einer Menge Informationen über den Aufbau der Tabelle bestehen,

b)   gerne allergisch auf strukturelle Veränderungen (»dazwischen benötige ich noch
     eine Spalte mehr«) reagieren und

c)   aus der Informationsdarstellung einfach nicht wegzudenken sind.

Jimdo hat es wieder einmal schlau gelöst. Beim Klick zur Erstellung einer neuen
Tabelle verfährt Jimdo genau so wie bei der Erstellung eines neuen Formulars: Es
generiert eine einfache Tabelle, in die man hineinarbeiten kann.

Man lernt also direkt, im Beispiel zu arbeiten. Die Verwendung der Optionen für Zeilen und Spalten

- Zeile hinzufügen
- Zeile unterhalb hinzufügen
- Zeile löschen
- Spalte hinzufügen
- Spalte rechts einfügen
- Spalte löschen

sind dabei abhängig von der Position des Cursors in der Tabelle und ergänzen oder verringern die Anzahl der Zeilen und Spalten entsprechend. Hier bauen Sie sich also zunächst Ihre Tabelle zurecht. Mit einer vor allem genügenden Anzahl von Spalten, da sich die Anzahl der Zeilen aus der letzten Zellen-Position heraus mit einem Klick auf den Tabulator um jeweils eine weitere Zeile ergänzen lässt.

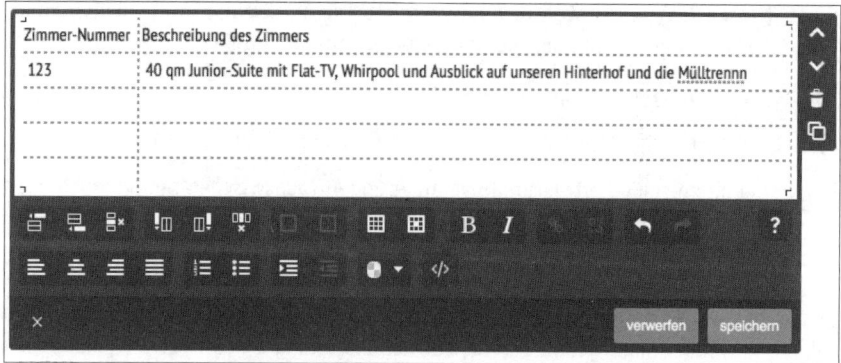

Tabelle 4.19

Zeile oberhalb einfügen

Klicken Sie auf eine Zelle (oder markieren Sie die ganze Zeile), oberhalb der Sie eine neue Zeile hinzufügen möchten, und klicken Sie auf ZEILE OBERHALB EINFÜGEN. Die neue Zeile hat automatisch ebenso viele Spalten wie die Referenzzeile.

Zeile unterhalb einfügen

Genau so funktioniert es auch unterhalb der referenzierten Zeile. Klicken Sie auf eine Zelle (oder markieren Sie die ganze Zeile), unterhalb der Sie eine neue Zeile hinzufügen möchten, und klicken Sie auf ZEILE UNTERHALB EINFÜGEN.

Zeile löschen

Um eine Zeile zu löschen, müssen Sie nur mit der Maus in eine Zelle der Zeile, die Sie entfernen möchten, klicken und den Button ZEILE LÖSCHEN anklicken. Die Zeile wird ohne Rückfrage gelöscht.

Spalte links einfügen

Klicken Sie auf eine Zelle, neben der Sie links eine neue Spalte hinzufügen möchten. Aktivieren Sie SPALTE LINKS EINFÜGEN. Die neue Zelle wird – da sie leer ist – mit einer minimalen Breite angezeigt. Wenn Sie das ändern wollen, obwohl die Zelle leer ist, klicken Sie in eine der leeren Zellen der neuen Spalte, gehen Sie auf ZELLEN-OPTIONEN und geben Sie (unter ZELLENEIGENSCHAFTEN > BREITE) einen Wert von z.B. 100 ein.

Spalte rechts einfügen

Klicken Sie auf eine Zelle, neben der Sie rechts eine neue Spalte hinzufügen möchten. Aktivieren Sie SPALTE RECHTS EINFÜGEN.

Spalte löschen

Um eine Zeile zu löschen, klicken Sie mit der Maus in eine Zelle der Spalte, die Sie entfernen möchten, und klicken auf den Button SPALTE LÖSCHEN. Die Spalte wird ohne Rückfrage gelöscht.

Weitere Funktionen

Die Funktionen

- Zellen verbinden
- Zellen teilen
- Tabellenoptionen und
- Zellenoptionen

werden in Abhängigkeit von mehreren ausgewählten Zellen bzw. für eine einzelne Zelle vergeben.

Zellen verbinden

Markieren Sie mit der Maus zwei Zellen, die (und deren Inhalte) Sie miteinander verbinden möchten, und klicken Sie auf ZELLEN VERBINDEN. Der Content der beiden Zellen wird in einer gemeinsamen Zelle zusammengeführt, die nun die Gesamtbreite der beiden zusammengeführten Zellen hat.

Da die Inhalte zusammengespielt werden, müssen Sie den gemeinsamen Text anschließend ggf. noch mit Leerstellen nachbearbeiten.

Zellen trennen

Markieren Sie mit der Maus die Zelle, die aus zwei oder mehr miteinander verbundenen Zellen besteht, und klicken Sie auf VERBUNDENE ZELLEN TRENNEN. Die ursprüngliche Tabelle wird wieder hergestellt. Jetzt müssen Sie nur noch die in der ehemals verbundenen Zelle zusammengeführten Inhalte wieder auf die neue(n) Zelle(n) verteilen, da beim Zellen-Verbinden der Content ja in einer Zelle zusammengeführt wird.

Tabellenoptionen

Bei den Tabellenoptionen erstellen Sie einen Look für die gesamte Tabelle, der sich auf Hintergrundfarbe, Rahmen, Rahmenfarbe, Rahmenstärke und Innen- wie Außenabstände der Tabelle bezieht. Diese Einstellung sollten Sie nach der Definition der Anzahl der Spalten möglichst frühzeitig vornehmen, damit penibel gestaltete Tabellen durch z.B. neu definierte Innenabstände nicht wieder durcheinandergewirbelt werden.

Tabelle   4.19

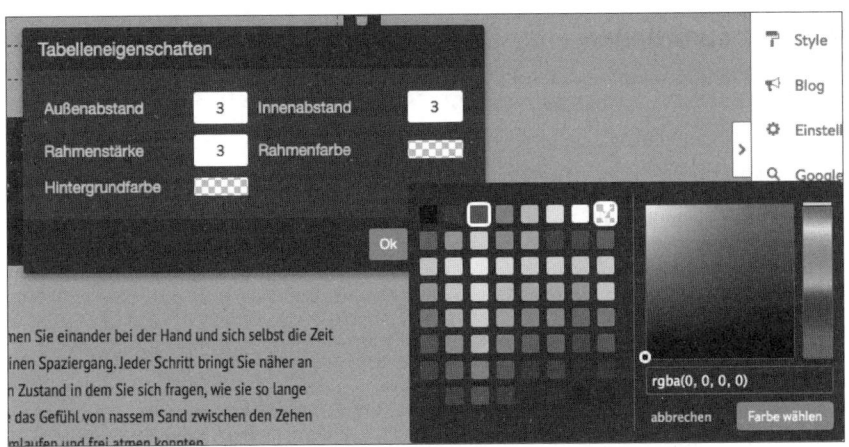

Zelleneigenschaften

Die Zelleneigenschaften können entsprechend der Tabelleneigenschaften in puncto Breite, Höhe, Rahmenstärke, Rahmen- und Hintergrundfarbe definiert werden. Und zwar für jede Zelle individuell.

CSS zuweisen

Für Tabellen-Nerds und Code-Könner: Frühere Modelle, in denen Tabellen individuelle Klassen per CSS zugewiesen werden konnten, sind aufgrund ihrer Komplexität mittlerweile wieder entfernt worden. Über den Aufruf des Source Codes durch den Button HTML BEARBEITEN unterhalb der »zusätzlichen Optionen«

erhalten Sie auf Wunsch den vollen Zugriff auf den HTML-Code der Tabelle, um <table> und <tr> und <td> individuelle Klassenmerkmale zuzuschieben, die Sie zum Beispiel über den Bereich EINSTELLUNGEN > HEAD BEARBEITEN mit individuellen CSS-Merkmalen versehen können.

```
Source code

<table align="" border="0" cellspacing="3" cellpadding="3" width="100%" height="100%"
class="mceEditable">
<tbody>
<tr>
<td style="width: 100px;"> </td>
<td>Zimmer-Nummer</td>
<td>Beschreibung des Zimmers</td>
</tr>
<tr>
<td> </td>
<td style="border: 1px solid #00ff00; background-color: #68a94a;"> 123</td>
<td style="border: 1px solid #00ff00; width: 10px; height: 200px; background-color:
```

Die übrigen Einstellungen für den Bereich TABELLE, die sich überwiegend in den ZUSÄTZLICHEN OPTIONEN befinden, verwenden Sie für die Textinhalte der Tabellenspalten, so wie aus der Verwendung für das Element TEXTFELD bekannt.

Wenn es gar nicht anders geht und der gesamte Abschnitt über Tabellen bereits Ihren Geduldsfaden strapaziert, gibt es noch eine »schmutzige« Methode, Tabellen zu erstellen, indem Sie eine Tabelle, die in einer Textverarbeitung erstellt wurde, markieren, kopieren und in ein Element »Textfeld« hineinkopieren.

Für die Qualität der Darstellung solcher Tricks wird aber keine Gewähr übernommen und der Quellcode wird indiskutabel bis fernab jeglicher Webnorm sein.

4.20   Facebook

Wenn Sie über eine »Facebook-Fanseite« verfügen und Likes anzeigen möchten, ist das Element FACEBOOK das richtige für Sie.

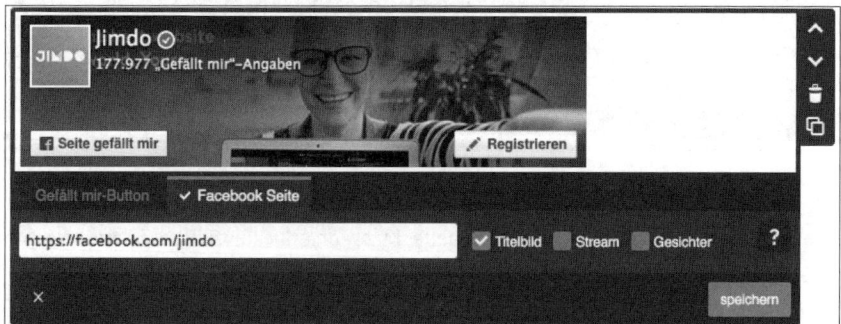

Die Funktion FACEBOOK ermöglicht Facebook-Nutzern – von denen es bekanntlich eine ganze Anzahl gibt –, Ihre Jimdo-Page zu »mögen« (Funktion GEFÄLLT MIR-BUTTON) oder eine gegebenenfalls angelegte Jimdo-Fanpage zu Ihrer Seite zu unterstützen (Funktion FACEBOOK SEITE).

Gefällt mir-Button

Dieser Button ist die eher zurückhaltende und – vom Platzverbrauch her – kleinste Art, ein Facebook-Plugin zu platzieren. Für die Verwendung des Like-Buttons benötigen Sie kein eigenes Facebook-Konto oder eine Facebook-Fanseite, da hier die URL Ihrer Jimdo-Page »gemocht« und somit automatisch von Facebook-Usern in deren Network bei Facebook gepostet – also kostenlos beworben – wird.

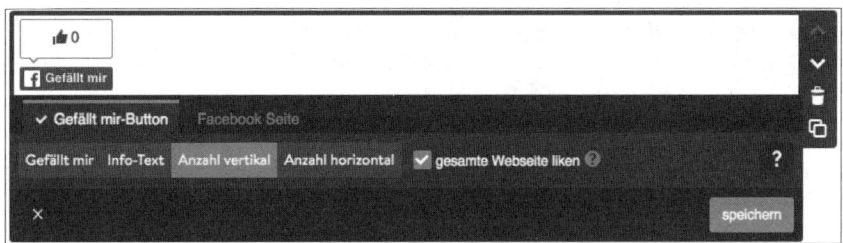

Für den GEFÄLLT MIR-Button haben Sie die Möglichkeit, zwischen folgenden Darstellungen zu wählen:

- **Gefällt mir (Standard)**

  Die minimierte Version des klassischen Gefällt-mir-Buttons

- **Info-Text**

  Gleicher Button wie der Standard-Gefällt-mir-Button, jedoch mit einer Aufforderung an nicht eingeloggte Besucher, dies nachzuholen.

- **Anzahl vertikal**

  Ein eher hoch gebauter Button mit der Anzeige der Anzahl der Likes

- **Anzahl horizontal**

  Das Pendant der flachen Darstellung, inklusive Anzeige der aktuellen Likes

Alle vier Buttons verfügen über eine Checkbox, deren Aktivierung es ermöglicht, nicht die jeweilige Unterseite, sondern automatisch die gesamte Hauptdomain zu liken.

Facebook Seite

Geben Sie bei Auswahl des Reiters FACEBOOK SEITE die URL Ihrer Facebook-Seite ein. Aktivieren oder deaktivieren Sie die Optionen TITELBILD, STREAM oder GESICHTER, um einen grafischen Titel der Facebook-Seite anzuzeigen, den Stream der letzten eigenen Posts oder die Profilbilder Ihrer Facebook-Fans, einen sogenannten »Facepile«.

Die Checkbox STREAM ermöglicht Ihnen, die selber verfassten Einträge auf der Pinnwand Ihrer Facebook-Fanseite automatisch anzuzeigen – was wieder einigen Platz beansprucht. Ein kompletter FACEBOOK SEITE-Eintrag mit allen aktiven Optionen sieht dann (am Beispiel Jimdo-Fanpage) folgendermaßen aus:

Und auf die Frage hin, ob sich solche Aktivitäten mit Facebook lohnen, kann ich nur betonen:

a)   wenn es zur Zielgruppe passt, dann ja ... und

b)   in meiner ersten Auflage eines gedruckten Jimdo-Handbuchs von 2011 waren es 17.400 »Gefällt mir« – heute, fünf Jahre später, sind es zehn Mal so viele. Das entspricht einer Steigerung um mehr als 1.000 %.

4.21 Twitter

Etwas einfacher ist die Einbindung für Twitter. Geben Sie hier unter FOLLOW BUTTON Ihren Twitternamen an (keine URL!) und wählen Sie aus, ob die Anzahl der Follower eingeblendet werden soll oder ob es beim Button bleiben soll. Twitter ist da – unverändert – viel zurückhaltender.

Dieser Follow-Button lässt sich ohne Anmeldung bzw. Verknüpfung integrieren. Sobald Sie aber auf TWEETS umschalten und die Beiträge des Accounts automatisch aktualisiert auf Ihrer Seite anzeigen lassen möchten, kommen Sie um eine Anmeldung bzw. um eine Verknüpfung nicht herum.

Diese Verknüpfung kann (eingeloggt) unter EINSTELLUNGEN > APPS > TWITTER durch Angabe des Account-Namens und Eingabe des Twitter-Passworts hergestellt und bestätigt werden.

4.22 Google+

Persönliche Meinung: Es ist hin und wieder auch mal erfrischend zu sehen, dass es Dinge gibt, die Google nicht ganz so gut macht wie andere. Daher stellt auch die Einbindung von Google+ allenfalls eine Kopie der Facebook-Einbindungsfunktionen dar, wie immer gut von Jimdo umgesetzt: Google+-URL einsetzen, auf OK klicken und Anzeigetyp definieren. Fertig.

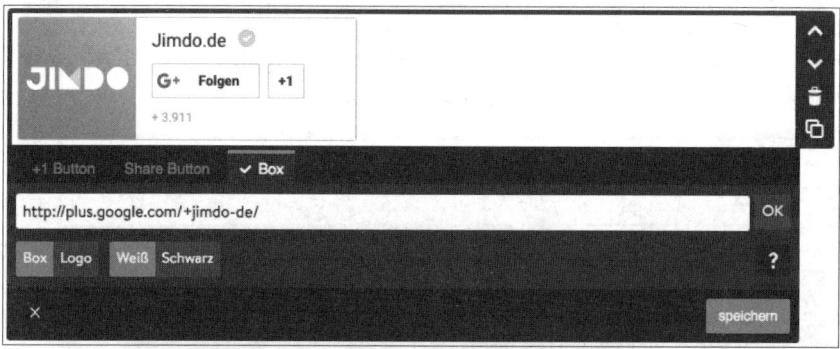

Die Auswahlmöglichkeiten zwischen Box, Share Button und +1 Button bieten noch ein wenig gelungene optische Abwechslung.

4.23 RSS-Feeds

Schnell, seit Jahren hartnäckig und nahezu unverändert: RSS-Feeds sind als XML-Austauschformat zwischen Plattformen nicht wegzudenken. Unverändert können Sie damit von Plattformen, die RSS anbieten (z.B. von so ziemlich allen namhaften Medien), Informationen beziehen und diese in Ihre Seite hineinlaufen lassen. Dazu suchen Sie bei Google einfach Begriffe wie » Welt RSS Feed« und erhalten Konfigurationsseiten, die Ihnen z.B. folgende URLs bereitstellen:

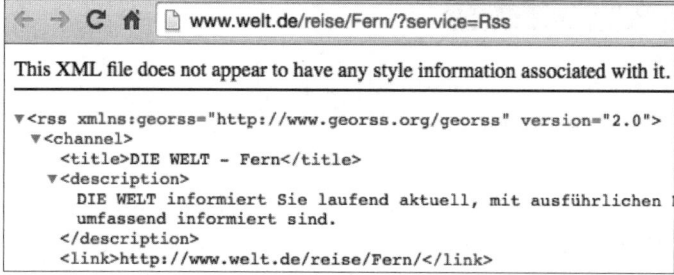

Sobald Sie ein Element »RSS-Feed« in Ihrer Seite einrichten, können Sie den Link in die Adresszeile eingeben, klicken auf OK und erhalten so den vollständig ausgespielten und individuell konfigurierten Feed im Schriftdesign Ihrer Jimdo-Seite angezeigt.

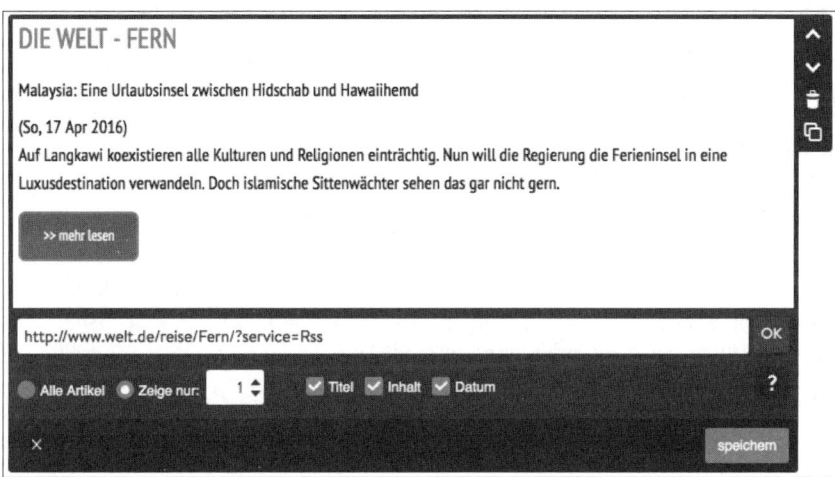

Buttons wie (>> MEHR LESEN) lassen sich wieder im Style-Bereich unter DETAIL STYLING individuell anpassen.

Sofern die Einstellung vom Sender des Feeds unterstützt wird, können Sie alle oder nur eine bestimmte Anzahl verfügbarer Artikel darstellen und dabei auch die Komponenten Titel, Inhalt und Datum per Checkbox hinzuwählen.

Beim Klick auf den weiterführenden Button zum Artikel landet der Besucher natürlich im neuen Tab oder Fenster auf der Detailseite des Absenders des RSS-Feeds. Feeds sind also praktisch und zieren Ihre Seite durch den Informationsgehalt. Sie locken aber auch Besucher von Ihrer Seite weg.

4.24 Flash

Steve Jobs höchstpersönlich versetzte dem Format Flash 2007 den Todesstoß, indem das iPhone ohne Flash-Unterstützung startete. Der Grund: zu hoher Stromverbrauch auf einem mobilen Browser.

Trotz seines Rufes als permanente und sperrangelweite Sicherheitslücke im System: Der Flash-Player ist unverändert auf beinahe allen Rechnern weltweit installiert – wenngleich nicht genutzt. Allenfalls bei Browsergames spielt Flash noch eine Rolle, denn es kann grafisch immer noch einiges mehr als HTML5.

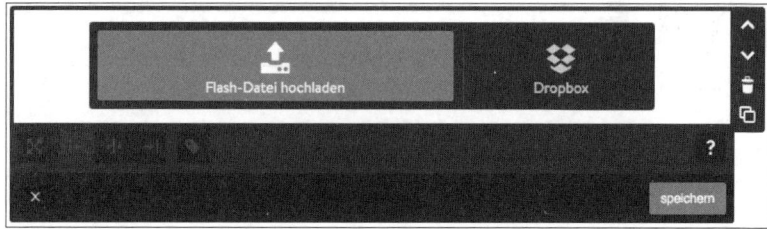

Auch wenn seit Kurzem sogar Flash-Werbeformate von vielen großen Plattformen nicht mehr unterstützt werden, erinnert Flash ein wenig an den legendären (bei Webentwicklern legendär verhassten) Internet Explorer 6 und den alten Satz: Totgesagte leben länger.

Wenn Sie also Flash einsetzen, können Sie es hiermit hochladen und platzieren. Jimdo bietet Ihnen die Möglichkeit, Flash-Files hochzuladen, sie in der Größe auszurichten und entsprechend zu taggen. Flash stellt allerdings das Vorletzte in der Reihe möglicher Elemente für Ihren Webbaukasten dar und hat sich diesen prominenten Platz vermutlich auch verdient.

4.25   Jimdo (Box)

Zum Finale in der Reihe der Elemente gibt es noch eine hübsche kleine Eigenwerbung.

Mit der Jimdo-Box, die Sie mit einem Klick auf Ihrer Seite platzieren können, machen Sie es begeisterten Besuchern ganz einfach, mit wenigen Klicks eine eigene kostenfreie Jimdo-Page auf die Beine zu stellen, ohne den Umweg über die Seite *Jimdo.de* gehen zu müssen. Vielleicht hat Ihre Seite ja auch einmal so klein begonnen.

Kapitel 5

Einstellungen

In den vorangegangenen Kapiteln haben Sie sich überwiegend mit den Funktionen zum Gestalten und Befüllen Ihrer Jimdo-Page beschäftigt. Im Jimdo-Flyout rechts und unterhalb des Menüpunkts EINSTELLUNGEN mit dem kleinen Zahnradsymbol befindet sich noch eine Vielzahl weiterer und wichtiger Funktionen, die für den Betrieb und die optimale Steuerung Ihrer Jimdo-Page von wesentlicher Bedeutung sind.

Nach der gestalterischen und inhaltlichen Fertigstellung Ihrer Webseite gibt es üblicherweise noch eine Reihe von Arbeitsschritten, die für eine professionelle Umsetzung und den Betrieb Ihrer Seite absolut relevant sind, damit nicht nur das inhaltliche und visuelle Ergebnis stimmt.

Da die Anzahl der im Bereich EINSTELLUNGEN vorgehaltenen Funktionen auch vom gewählten Jimdo-Paket abhängt, wurden die nachfolgenden Erläuterungen in einem Jimdo-Business-Paket definiert.

5.1   Sektion: Benutzer

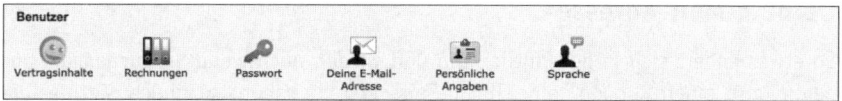

Vertragsinhalte

Alle Information rund um den bestehenden Vertrag mit Jimdo: hinterlegte Domains, Bestelldatum, Laufzeiten und alle Kündigungsoptionen.

Hier können auch Zahlungsmethoden und Vertragsdaten geändert sowie Zusatzprodukte (wie weitere Domains, Zahlmethoden für Shops etc.) bestellt werden.

Rechnungen

Eine Gesamtübersicht aller bislang zu diesem Paket angefallenen Rechnungen mit direkter PDF-Downloadmöglichkeit.

Passwort

Ändern Sie hier Ihr Passwort – das Sie sich selbst beim Erstellen der Seite gegeben haben – hin und wieder. Insbesondere dann, wenn Sie es vergessen haben. In diesem Fall klicken Sie beim Login auf PASSWORT VERGESSEN und folgen dem Dialog:

Deine E-Mail-Adresse

So etwas ändert sich ja bekanntlich hin und wieder. Auch wenn Sie für jemand anderen (z.b. einen Kunden) eine Jimdo-Seite erstellt haben, so finden Sie hier die Möglichkeit, eine E-Mail-Adresse zu hinterlegen, die Sie als Inhaber der Seite identifiziert. Eine zweite alternative E-Mail-Adresse kann ebenfalls (muss aber nicht) hinterlegt werden.

Persönliche Angaben

Diese Angaben sind umso wichtiger, wenn Sie einen Online-Shop betreiben, denn die hier hinterlegten Daten gelten (insbesondere vor dem Hintergrund der Angabe des Geburtsdatums) als Angabe gegenüber Jimdo für die Erstellung und Führung eines Onlineshops.

Sprache

Nein, hier handelt es sich nicht um ein automatisches Übersetzungstool, sondern um die Einstellung dafür, in welcher Sprache Ihnen Jimdo das »Backend«, also alle bedienbaren Komponenten hinter dem Login, zur Verfügung stellt.

Möglich sind Deutsch, Englisch, Französisch, Russisch, Italienisch, Spanisch, Chinesisch und Niederländisch.

Wichtig ist in diesem Zusammenhang, dass Komponenten, die teilweise automatisch mit Ihrem Webseitenbesucher kommunizieren, wie zum Beispiel der Shop beim

Checkout oder das Gästebuch in dieser ausgewählten Sprache kommunizieren. Kurz: Wenn Sie zweisprachig aufgewachsen sind und die Jimdo-Bedienung auf Russisch umstellen, werden Ihre deutschen Webseitenbesucher bei fehlerhaften Eingaben im Kontaktformular die Fehlermeldungen auf Russisch zu sehen bekommen.

5.2 Sektion: Webseite

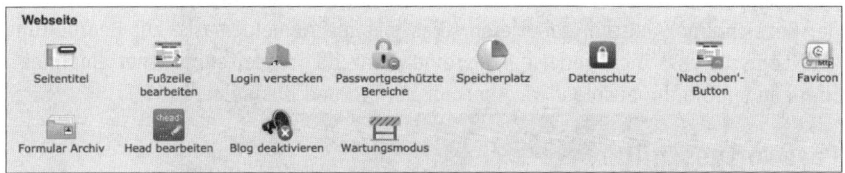

Hier finden sich Einstellungen zur Webseite in einem recht bunten Sammelsurium. Gut, die eine oder andere Einstellung zu kennen.

Seitentitel

An dieser Stelle möchte ich ausnahmsweise den Jimdo-Tooltipp zitieren, weil er teilweise richtig und teilweise irreführend ist:

Der Seitentitel deiner Internetseite ist der Text, der ganz oben in deinem Browserfenster noch über „Datei", „Bearbeiten", „Ansicht", etc. angezeigt wird (meist weiße Schrift auf blauem Grund). Speichert ein Webseitenbesucher deine Jimdo-Seite unter seinen „Favoriten", dann ist dies der Text, der abgespeichert wird. Außerdem hilft ein guter Seitentitel, dass du bei Suchmaschinen besser gefunden wirst. Gib idealerweise deinen kompletten Firmennamen mit Zusatz oder einen anderen kurzen, aussagekräftigen Titel für deine Jimdo-Seite ein.

Stimmt teilweise. Ausschließlich, wenn ich die Funktion »Google & Co« aus der Jimdo-Seitenleiste *nicht* verwende, ist das, was hier bei Seitentitel eingetragen wird, tatsächlich der sichtbare Teil des Suchergebnisses im Bereich Titel. Da ich aber bei Jimdo auch im Free-Paket zumindest die Startseite mit dem genialen Google-Tool bearbeiten kann, ist dieser »Allgemeine Seitentitel« eher hinfällig. Auch ist der Rat, »idealerweise« den kompletten Firmennamen anzugeben, eher kontraproduktiv, wenn die Firma »H. Schmitz GmbH & Co. KG« heißt. Erstens wird vermutlich bereits die Domain einen Hinweis auf den Firmennamen geben und zweitens ist eine Beschreibung wie »Haus- und Sondereigentumsverwaltung in Kleckersdorf« wesentlich zielführender ... denn das wird vermutlich auch bei Google gesucht.

Fußzeile bearbeiten

Eine eigene Copyright-Zeile in den Footer setzen? Automatisch erzeugte Footer-Links wie Liefer- und Zahlungsbedingungen wieder ausblenden? Sitemap einschalten? Hier bei FUSSZEILE BEARBEITEN finden Sie alles rund um die Links im Footer Ihrer Seite.

Login verstecken

Ihre Jimdo-Page wird automatisch am rechten unteren Seitenbereich einen Link mit der Bezeichnung ANMELDEN generieren. Dies löst die Anmeldemaske zur Bearbeitung aus. Logisch, dass nicht jeder das als einen Link für Webseitenbesucher empfindet. Hier können Sie ihn ausblenden. Aber nur bei Pro und Business.

Passwortgeschützte Bereiche

Mit JimdoFree können Sie einen, mit JimdoPro fünf und mit JimdoBusiness unlimitierte passwortgeschützte Bereiche auf Ihrer Jimdo-Page einrichten. Diese Funktion verwehrt bei Aufruf der entsprechenden Unterseite die Anzeige der hinterlegten Inhalte und fordert zur Abgabe eines Passworts auf. Um einen passwortgeschützten Bereich anzulegen, klicken Sie auf den Menüpunkt PASSWORTGESCHÜTZTE BEREICHE und klicken Sie auf NEUEN PASSWORTGESCHÜTZTEN BEREICH HINZUFÜGEN.

Um einzelne Seiten mit einem Passwortschutz zu versehen, müssen natürlich zunächst einmal Seiten angelegt sein. Ob Sie schon Inhalte auf diesen Seiten hinterlegt haben, spielt dabei keine Rolle. Vergeben Sie einen eindeutigen Namen für den passwortgeschützten Bereich. Dieser Name wird Ihnen als Administrator später nach dem erfolgreichen Abspeichern des Passwortschutzes als Bezeichnung für den geschützten Bereich in den Einstellungen angezeigt. Auch das Passwort, das Sie hier im nächsten Feld vergeben, wird später in der Übersicht in Klarschrift angezeigt, sodass Sie vergebene Passwörter nicht unbedingt außerhalb Ihrer Jimdo-Page zusätzlich aufschreiben müssen.

Wenn Sie das Häkchen für den Passwortschutz auf einer übergeordneten Seitenebene setzen, werden alle darunterliegenden Seiten ebenfalls automatisch angekreuzt, die Häkchen können aber einzeln wieder entfernt werden. Auch kann ein Passwortschutz-Bereich, den Sie vergeben, mehrere Seiten oder die ganze Jimdo-Page umfassen.

Klicken Sie auf SPEICHERN, um Ihren Passwortschutz zu vergeben. Anschließend finden Sie diesen Eintrag im Menü unterhalb von PASSWORTGESCHÜTZTE BEREICHE wieder und können ihn löschen oder nachträglich bearbeiten.

Wichtig

Der Passwortschutz wirkt nur für einzelne Seiten. Auf den Seiten befindliche Dateidownloads oder Bilder sind nicht 100-prozentig sicher geschützt. Legen Sie daher dort bitte keine kritischen Daten ab. Blogartikel können nicht passwortgeschützt werden.

Speicherplatz

Hier sehen Sie, wie viel Speicherplatz Ihre Seite bereits verschlingt.

Speicherplatz

Du verwendest zur Zeit **16 MB** von **500 MB** Speicherplatz deiner JimdoFree-Page.

3.32% Speicherplatz belegt.

Ein Bereich, den Sie als Business-User so gut wie nie anklicken, denn dann steht Ihnen »unbegrenzter Speicherplatz« zur Verfügung. Na bitte.

Als Free-User freuen Sie sich über 500 MB und als Pro-User über 5 GB. Ich persönlich habe noch keine dieser Grenzen erreicht.

Datenschutz

Die hier eingegebenen Daten managen entweder den Cookie-Hinweis, der bei Besuch Ihrer Seite weggeklickt werden muss, oder Datenschutzerklärungen, die Sie individuell oder für den Gebrauch von Google Analytics hinterlegen. Letzterer ist vorformuliert bereits enthalten.

Diese Datenschutzerklärungen können dann im Footer über den zuschaltbaren Link (siehe Bereich FUSSZEILE BEARBEITEN) namens DATENSCHUTZ abgerufen werden.

Nach oben-Button

Der macht Sinn! Auf langen Seiten möchte man ungerne – wenn die Navigation entsprechend konzipiert ist – erst wieder ganz nach oben scrollen, um dann einen anderen Menüpunkt anzuklicken. Hier hilft die zuschaltbare Sprungmarke NACH OBEN-

---

BUTTON. Der Button ist optisch halbtransparent vorkonfiguriert und kann entweder links oder rechts (Empfehlung) platziert werden.

Favicon

Bei einem Favicon handelt es sich um eine kleine grafische Logodatei im Format 16 x 16 Pixel, die – abgelegt im Stammverzeichnis des Webauftritts, sofern nicht anders referenziert – in den meisten Browsern links neben der Adresszeile angezeigt wird.

Der Vorteil dieser Dateien, die im Format favicon.ico abgespeichert werden, liegt darin, dass die URL mit einem Logo »gebrandet« werden kann und Ihre Seite in der Lesezeichenliste des Browsers somit wieder schneller gefunden wird.

Favicons können grundsätzlich auch im Format 32 x 32 Pixel angelegt werden. Traditionell werden aber nur 16 x 16 Pixel im Browser angezeigt. Google mag übrigens Webseiten, bei denen eine Favicon.ico-Datei hinterlegt wurde. Hier können Sie eine solche, selbst erstellte ICO-Datei hochladen.

Mit einem Grafikprogramm erstellen Sie eine 16 x 16 Pixel große Datei und speichern diese im Format .bmp (Windows Bitmap) ab. Mit dem kostenlosen Programm irfanview (erhältlich unter *www.irfanview.de* – einer optisch unfassbar grauenhaften Seite) öffnen Sie Ihre BMP-Datei und speichern diese mit der Funktion DATEI > SPEICHERN UNTER als *.ICO-Datei unter dem Namen favicon.ico ab.

Öffnen Sie diese Datei favicon.ico per DURCHSUCHEN nun in Ihrem Jimdo-Menü und laden Sie sie mit HOCHLADEN auf Ihre Jimdo-Page. Entfernt werden kann sie hier natürlich auch. Viel Aufwand für eine kleine Bitmap. Lohnt sich aber.

Formular-Archiv

Hier ist es, das viel gelobte Archiv für alle von Ihrer Seite abgesandten Kontaktformulare. Egal, ob im Spam gelandet oder aus irgendeinem Grund noch einmal hervorzuholen: Hier sind sie alle. Und das Beste: Man kann alle Formularnachrichten gemeinsam als CSV-Datei herunterladen, man kann sie archivieren, auswerten oder die Adressen für Marketingzwecke herausfiltern. Absolut smart und einfach gelöst!

Head bearbeiten

Dieser Bereich ist die clevere Hinterpforte zu zahllosen Möglichkeiten, die man aus einer Jimdo-Page herausholen kann. Hier lassen sich – und das für JimdoPro und Business individuell für jede Unterseite – Codes und Scripts integrieren, mit denen man funktionell und optisch viel aus der Seite herausholen kann.

Sie möchten einen Google-Verification-Code hinterlegen? Hier ist der Ort.

Sie möchten als Kenner CSS-Klassen überschreiben oder neue verfügbar machen? Der Bereich HEAD BEARBEITEN ist Ihre Baustelle dafür.

Die Begeisterung mag sich für nicht Code-Begeisterte vielleicht nur mäßig übertragen, aber seien Sie versichert: HEAD BEARBEITEN ist ein guter Bereich!

Blog deaktivieren

Wenn Sie einen Blog in der Seitenleiste unter BLOG angelegt haben: Hier deaktivieren Sie ihn wieder. Dazu später mehr.

Wartungsmodus

Zu diesem gut gemeinten und im Übrigen jüngsten Feature verbindet mich eine kleine Hassliebe: Ich liebe den Wartungsmodus, weil man mit ihm wirklich Seiten, die man gerade erstellt hat und bearbeitet, dicht machen kann, ohne dass man die Hälfte (so wie bei Verwendung des Passwortschutzes) frei im Web sehen kann.

Andererseits macht der Wartungsmodus so derart dicht, dass man die Seite, die man gerade im Hintergrund bearbeitet, nicht im Besuchermodus betrachten kann. Und er ist (bis auf die hinterlegbaren Texte) leider völlig ungestaltbar und brutal hässlich. Sorry, Jimdo.

Ich hoffe sehr, dass man hier schon bald Farben, Bilder etc. auswählen kann, um seinen eigenen Wartungsmodus zu gestalten. Jimdo selbst empfiehlt die Funktion übrigens nur für gerade neu angelegte Seiten, da bestehende Seiten durch diese Blockade im Ranking bei Google absacken können.

5.3 Sektion: Mobile

Hier offenbart sich ein kleines bekanntes Geheimnis. Es gibt – bedingt durch den Zeitpunkt ihrer Erstellung – funktionale Unterschiede in den Jimdo-Paketen. Besonders gut zu sehen beim Thema Mobile:

Hier ein Jimdo-Business-Paket aus dem Jahr 2011:

Hier eines von Ende 2015:

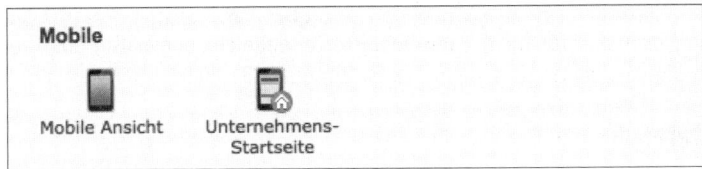

Zusätzlich erscheint dieser Bereich auch nur, wenn ein nicht responsives Layout ausgewählt wurde, was man wie eingangs erwähnt unter *http://jimdo.design/* prüfen kann.

Bei den aktuellen Versionen verabschiedet sich also offensichtlich die nur relativ kurz eingeführte Möglichkeit, ein eigenes mobiles CSS zu hinterlegen.

Auch dient der Bereich MOBILE ANSICHT heute nicht mehr der Auswahl unterschiedlicher (und mäßig guter) mobiler Varianten, sondern nur noch der generellen Entscheidung, ob man die mobile Ansicht aktivieren möchte oder nicht.

Idee verstanden. Was also zunächst wie ein Rückzug aussieht, ist eine konsequente Handlung, denn immer mehr Jimdo-Layouts werden nun wirklich responsiv – was bisher eher ein Problemfeld bei Jimdo war. Somit ist ein eigener CSS-Code für die mobile Version natürlich hinfällig, wenn ein responsives Layout gewählt wurde.

Dankenswerterweise hat man die alte Version mit dem Custom-Layout (CSS) bei Aktivierung der Designschnittstelle voll aktiviert. Das ist ein wirklich netter Zug für Entwickler und Codebastler.

Ein Wort zur mobilen UNTERNEHMENS-STARTSEITE. Dies ist eine gut umgesetzte Idee für Pro- und Business-Kunden, deren Kunden vor allem dann mobil aktiv werden, wenn sie auf dem Weg dorthin sind und es um Öffnungszeiten, Adresse und Wegbeschreibung geht – ideal also für Restaurants, Arztpraxen und weitere Branchen mit regem Publikums- und Praxisverkehr. Diese Unternehmens-Startseite stellt so ein mobiles Best-of mit den wesentlichen Infos zusammen. Perfekt für die schnelle mobile Auskunft. Die restliche mobile Seite ist natürlich dahinter mit einem Klick erreichbar.

5.4 Sektion: E-Mail- und Domainverwaltung

Die E-Mail- und Domainverwaltung besteht aus drei Bereichen, nämlich der Verwaltung

- der E-Mail-Konten,
- der E-Mail-Weiterleitungen
- und den Domains.

Zunächst einmal ist es wichtig, hier zwischen E-Mail-Konten (also echten Postfächern) und den E-Mail-Weiterleitungen zu unterscheiden. E-Mail-Konten sind *echte* E-Mail-Adressen, mit denen Sie ein Postfach einrichten können, das Sie später zum Beispiel mit Ihrem lokalen Mailprogramm wie Mail, Outlook, Thunderbird etc. abfragen und als auch absendende Adresse ansprechen können.

Die Funktionen dieses Bereiches sind nur relevant für Nutzer der Jimdo-Pakete Pro und Business, da JimdoFree weder eigene Domain noch E-Mail-Adressen oder Weiterleitungen bietet.

Als JimdoFree-Nutzer sind Sie auf die Jimdo-Domain *deinname.jimdo.com* und auf die Verwendung einer externen E-Mail-Adresse angewiesen.

E-Mail-Konten

Um ein echtes E-Mail-Konto einzurichten – das Sie mit einem externen Mailprogramm abrufen können –, klicken Sie auf E-MAIL-KONTEN und aktivieren Sie die Schaltfläche + NEUES KONTO HINZUFÜGEN. Ihre Hauptdomain ist bereits voreingetragen (weitere Domains ggf. in einem Dropdwon verfügbar), sodass Sie nur noch den vorderen Teil der Mail-Adresse, ein Passwort und dessen Wiederholung eingeben müssen. Mit ANLEGEN bestätigen Sie diese Adresse.

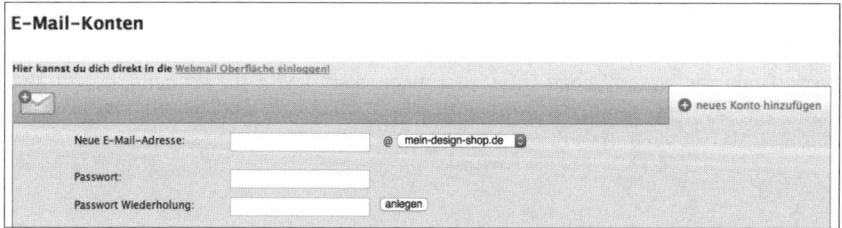

Bitte berücksichtigen Sie: Nach erfolgreicher Anlage der Mail-Adresse kann es bis zu 20 Minuten dauern, bis diese Adresse aktiv ist, daher versuchen Sie bitte nicht sofort, Ihr Mailprogramm einzurichten, weil Sie das Postfach innerhalb dieser Zeit wahrscheinlich nicht erreichen werden.

Das eingerichtete Postfach (E-Mail-Account) ist jetzt in der Übersicht des Bereiches angelegt und verfügt über die Optionen PASSWORT ÄNDERN und LÖSCHEN. Wenn Sie das Postfach löschen, werden alle darin befindlichen E-Mails natürlich ebenfalls gelöscht. Sie sollten also vor dem Löschen eines Postfachs sicherstellen, dass sich keine E-Mails mehr darin befinden.

Postfach-Einstellungen

Folgende Einstellungen sind wichtig, wenn Sie Ihr E-Mail-Postfach mit einem externen E-Mail-Programm abrufen möchten:

Verschlüsselte Verbindungen:

Protocol	Host	Port(s)
POP3 with SSL	secure.emailsrvr.com	995
IMAP with SSL	secure.emailsrvr.com	993
SMTP with SSL	secure.emailsrvr.com	465, 587, 8025

Unverschlüsselte Verbindungen:

Protocol	Host	Port
POP3	pop.emailsrvr.com	110
IMAP	imap.emailsrvr.com	143
SMTP	smtp.emailsrvr.com	25, 587, 8025

In diesem Zusammenhang sollten Sie bei gegebenenfalls auftretenden Verbindungsproblemen mit dem Mailserver die Vergabe der Ports in Ihrem Mailprogramm überprüfen, da diese – zumindest auf den Mailprogrammen vieler mobiler Geräte – nicht mit den dort standardmäßig hinterlegten Ports übereinstimmen müssen.

Hinweis

Auch wichtig: Eine E-Mail-Adresse (vielmehr eine sogenannte Alias-Adresse), die Sie bereits als WEITERLEITUNG eingerichtet haben, können Sie nicht als E-Mail-Account einrichten. Sie müssen diese Weiterleitung erst löschen und können dann den E-Mail-Account mit der gleichlautenden Adresse einrichten.

Jimdo-Webmail

Fähig und übersichtlich ist auch das Webmail-Tool von Jimdo, das Sie für jedes E-Mail-Konto unter *webmail.jimdo.com* erreichen. Geben Sie dort Ihre E-Mail-Adresse und das Passwort für Ihre E-Mail-Adresse ein.

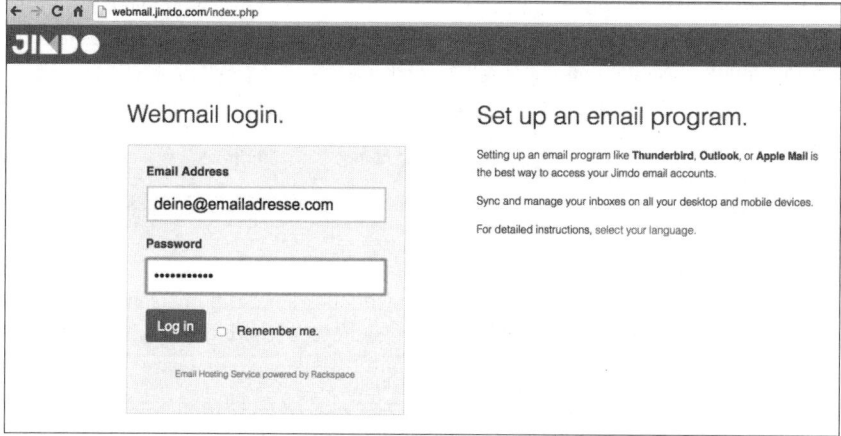

Da die Systemsprache im Webmailer im Standard auf Englisch gesetzt ist, klicken Sie oben rechts im Mailfenster (neben LOG OUT) auf SETTINGS und wählen Sie den Kartenreiter LANGUAGE & DATE/TIME.

Dort setzen Sie den Wert DEFAULT DISPLAY LANGUAGE: auf »deutsch«. Den darunter liegenden Wert CURRENT TIME ZONE sollten Sie ebenfalls von »US ...« auf »Europe/London« oder »CET« setzen. Anschließend klicken auf den Button SAVE und anschließend auf OK.

Ihr Webmail-Account lädt sich neu und zwar auf Deutsch mit den richtigen Zeitzoneneinstellungen. Andernfalls werden Ihre E-Mails vom Webmailer mit recht uneuropäischen Eingangs- und Ausgangszeiten verbucht bzw. versendet.

Da Sie bei JimdoPro nur einen und bei JimdoBusiness fünf Mail-Accounts haben, sollten Sie bei der Einrichtung der Postfächer grundsätzlich überlegen, welche Serviceadressen wie *kontakt@* oder *webmaster@* als E-Mail-Weiterleitung eingerichtet werden können und kein eigenes Postfach benötigen. Sie finden unter dem Button Upgrade in der Jimdo-Leiste (unterster Punkt) oder unter Vertragsinhalte > Zusatzprodukte bestellen aber auch die Möglichkeit, weitere Postfächer und E-Mail-Weiterleitungen hinzuzukaufen.

E-Mail-Weiterleitungen (Alias)

Auch die Anzahl der E-Mail-Weiterleitungen ist bei JimdoPro auf drei limitiert. JimdoBusiness-Nutzer haben hier keine Limits zu befürchten. Klicken Sie auf E-Mail-Weiterleitungen und geben Sie das sogenannte Alias (also den vorderen Teil der E-Mail-Adresse) ein und klicken Sie auf + neue E-Mail-Weiterleitung hinzufügen. Es öffnet sich das Feld weiterleiten an, in dem Sie die E-Mail-Zieladresse für Ihre Weiterleitung eintragen und anschließend auf speichern klicken.

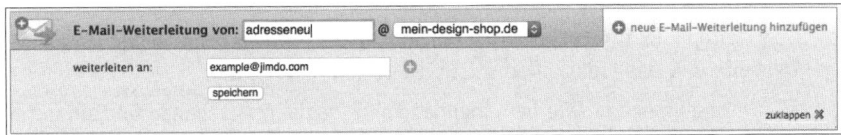

Die Weiterleitung ist nun eingerichtet. Mit einem Klick auf das nun erscheinende Feld Bearbeiten können Sie noch eine weitere E-Mail-Adresse hinterlegen, an die eingehende E-Mails auf dieser Alias-Adresse weitergeleitet werden sollen.

Mit dem Minus-Symbol neben der Weiterleitungsadresse können Sie eine der beiden Weiterleitungen wieder entfernen. Dies geschieht bei Klick ohne weitere Rückfrage.

Im Kartenreiter Löschen haben Sie die Möglichkeit, Ihre E-Mail-Weiterleitung komplett zu löschen. Bestätigen Sie den Löschvorgang mit Ja oder brechen Sie mit Nein den Löschvorgang ab.

Domains

Wenn Sie noch keine »echte« Domain für Ihre Jimdo-Page beantragt haben (das ist nur bei JimdoPro und JimdoBusiness möglich), finden Sie als JimdoFree-User als eingetragene Hauptdomain Ihre Jimdo-URL *http://bezeichnung.jimdo.com*.

Als JimdoPro-User sind eine und als JimdoBusiness-User zwei echte Domains zusätzlich im Paketpreis enthalten. Außerdem bleibt die Jimdo-URL *http://bezeichnung.jimdo.com* diesem Jimdo-Paket, solange es existiert, unveränderlich erhalten.

Haupt-Domain

Die aktuelle Haupt-URL ist in der Regel immer die eingerichtete bzw. die zuletzt konnektierte Domain. Sie haben – bei mehreren Domains im Portfolio – die Möglichkeit, jede Domain als Haupt-Domain einzurichten, indem Sie im Bereich DOMAINS unterhalb des Eintrags HAUPTDOMAIN auf EINSTELLEN klicken.

Domain-Weiterleitung per A-Record

Wenn Sie über Domains bei anderen Providern verfügen, die Sie für Ihre Jimdo-Page benutzen möchten, haben Sie zwei Möglichkeiten:

1. Kündigen Sie diese Domain bei Ihrem alten Provider und lassen Sie sich einen sogenannten AuthCode zusenden (je nach Provider geschieht dies automatisch), und senden Sie nach Erhalt diesen AuthCode unter Angabe Ihrer Jimdo-Domain *bezeichnung.jimdo.com* an die E-Mail-Adresse(n) pro@jimdo.com bzw. business@jimdo.com mit der Bitte, die Domain zu übernehmen und mit Ihrer Webseite zu konnektieren.

2. Oder leiten Sie Ihre externe(n) Domain(s) per A-Record an Jimdo und Ihre Webseite um. Das funktioniert mittlerweile sehr zuverlässig.

   a. Dazu müssen Sie Ihre bei einem anderen Provider bestehende Domain unter DOMAIN bzw. ZUSÄTZLICHE DOMAIN in das Eingabefeld eintragen und auf PRÜFEN klicken

   b. Anschließend bestätigen Sie, dass es sich um Ihre Domain handelt.

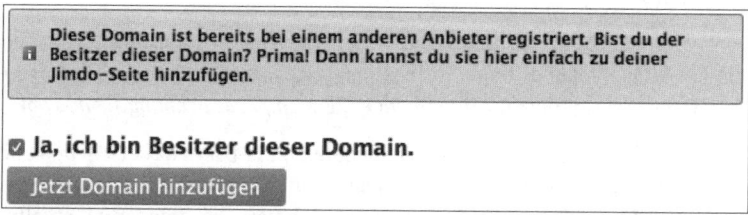

c. Dann erscheint diese Domain in Ihrem Domainportfolio mit einem unbekannten Status.

d. Nun hinterlegen Sie bei Ihrem bisherigen Provider einen A-Record (IP4) auf die IP-Adresse 185.60.251.251.

f. Innerhalb der nächsten Minuten oder Stunden erscheint die Domain dann als vollwertige Domain in Ihrem Jimdo-Domainportfolio und kann per Klick auch als Hauptdomain aktiviert werden

Das Angenehme an dieser Methode ist, dass man so auch Domains, an denen einige Dutzend eingerichtete Mailkonten auf Notebooks und Mobiltelefonen von Kolleginnen und Kollegen hängen, mit Jimdo nutzen kann und die Mailverwaltung unverändert beim alten Provider bleibt.

Da sich hier schnell mal eine Änderung ergeben kann, finden Sie den sehr gut erklärten vollständigen Artikel zum Thema Domainumleitung in der sehr lobenswerten Jimdo-Hilfe unter

http://hilfe.jimdo.com/domains/weiterleitung-einer-domain/#Domain-hinterlegen

5.5 Sektion: Shop

Alle Erläuterungen zu den Einstellungen im Bereich Shop für Jimdo-Onlineshops finden Sie im Kapitel *»Der Jimdo-Shop«*.

5.6 Sektion: SEO

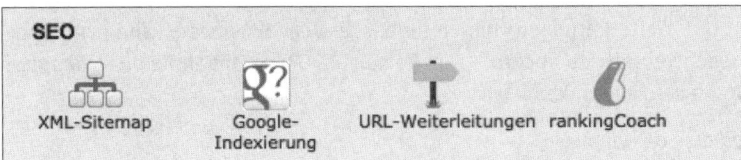

XML-Sitemap

In diesem Bereich finden Sie die Möglichkeit, per Checkbox die automatisch von Jimdo generierte XML-Sitemap-URL um versteckte Unterseiten zu ergänzen.

Das macht Sinn, wenn versteckte Unterseiten vor allem aus Gründen der Usability versteckt wurden, aber dennoch vollwertige Inhaltsseiten mit wertigen Informationen darstellen.

Weiterhin finden Sie hier die Adresse der Sitemap, sodass Sie diese kopieren und zum Beispiel bei Google Search Console (auch bekannt als Webmaster Tools) im Bereich CRAWLING > SITEMAPS bei der entsprechenden Property anlegen können:

Google-Indexierung

Dieser Bereich zeigt Ihnen einen Link, den Sie auch manuell bei Google im Suchfeld aufrufen können. Dieser lautet

site:ihredomain.de/

und listet alle Suchergebnisse, die zu Ihrer Seite bei Google bekannt sind, auf.

URL-Weiterleitungen

Mit solchen URL-Weiterleitungen (nur verfügbar für JimdoBusiness) kann man, ohne die Struktur der Webseite zu ändern – zum Beispiel für Marketingaktionen –, über frei definierbare Domainkonstrukte wie

www.meinadresse.de/sommer

auf komplexe Domains wie

www.meineadresse.de/damen/bademoden-bikini-tankini-beachwear/

weiterleiten. Besucher geben dann eine kurze und einfache Domain ein und landen direkt auf der komplexeren URL.

rankingCoach

rankingCoach ist ein externes Tool, eine Jimdo-Partnerschaft, eine Art SEO-Trainer für jedermann.

Der Menüpunkt hält ein Informationsvideo zu rankingCoach bereit und bietet einen 7-Tage-Gratis-Test. Aus meiner Erfahrung kann ich nur sagen: Ich bin verblüfft über die sichtbare Wirkung und Detailtiefe von rankingCoach im Google-Ranking, wenn man bei den anstrengenden Aufgaben, die man dort nach und nach für seine Seite zu bewältigen hat, am Ball bleibt.

5.7 Sektion: Apps

Hier kann man – schon seit Langem – bestimmte Funktionen konnektieren oder nutzen, die überwiegend von externen Tools geboten werden.

Dropbox

Konnektieren Sie hier Ihre Dropbox, sodass Sie überall dort, wo Bilder von einem Laufwerk hochgeladen werden können, auch auf Ihre Dropbox zugreifen können.

QR-Codes

Generieren Sie QR-Codes zur Hauptseite, zu Shop-Produkten und Unterseiten Ihrer Jimdo-Domain. Bequemer geht es nicht.

Google Analytics

Wenn Sie Google Analytics einbinden möchten, tun Sie es am besten genau hier und nicht irgendwo im Footer, wo man den Code aus Versehen leicht löschen kann.

Twitter

Hier verbinden Sie Ihren Twitter-Account mit Ihrer Jimdo-Seite, sodass Sie zum Beispiel automatisch mit dem Element »Twitter« Ihre letzten Tweets auf Ihrer Seite stattfinden lassen können.

5.8 Sektion: Jimdo

Impressumsbox

Auch im – automatisch als Seite angelegten – Impressum Ihrer Jimdo-Page ist Jimdo so stolz darauf, das System Ihrer Wahl zu sein, dass es (selbst wenn Sie die Seite auf Pro oder Business upgraden) einen dicken GEMACHT MIT JIMDO-HINWEIS platziert. Diesen können Sie deaktivieren, indem Sie auf

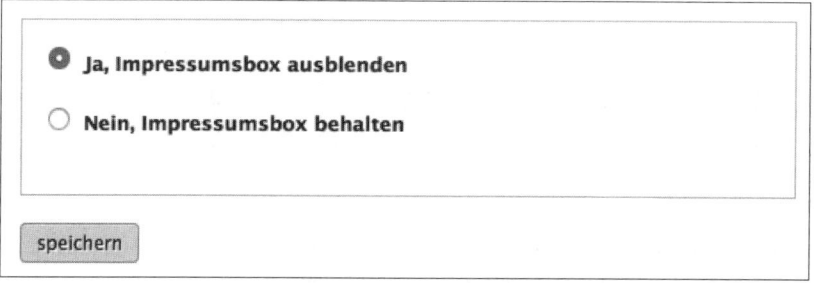

umschalten und abspeichern. Bei der nächsten Ansicht der Seite ist die Box dann verschwunden.

Jimdo weiterempfehlen

Das obligatorische Weiterempfehlungs-Tool zur Gewinnung neuer Freunde für Jimdo. Könnte mal eine textliche Aktualisierung verkraften.

Kapitel 6

Der Jimdo-Blog

Der Begriff Blog setzt sich zusammen aus den Begriffen *Web* und *Log* und definiert eine Art Logbuch bzw. Tagebuch im Internet. Blogging ist ein Teil des Mitmach-Internets geworden und nimmt einen ordentlichen Bestandteil der relevanten Informationsstruktur im Web – auch in seiner Eigenschaft als SEO-Booster – ein. Für Ihre Jimdo-Seite können Sie den Blog auch als News-Sektion nutzen,

Der Jimdo-Blog bietet Ihnen die Möglichkeit, alle Gestaltungsfunktionen für Inhalte, die Ihnen das Jimdo-System bietet, innerhalb einer Blog-Struktur zu führen.

Und wie bei Jimdo üblich: Das Setup besteht im Grunde aus einem einzigen Klick.

6.1 Voraussetzungen für erfolgreiche Blogs

Dies lässt sich kurz beantworten. Um einen guten und erfolgreichen Blog zu führen, sollten Sie vor allem Folgendes tun: regelmäßig schreiben (egal in welcher Frequenz). Und zwar zu einem gezielten Thema, dem Sie treu bleiben und innerhalb dessen Sie sich wirklich auskennen.

Nur so werden Sie – sofern dies in Ihrem Interesse liegt – regelmäßige Leser gewinnen, die sich mit Ihrem publizistischen Wirken auseinandersetzen. Zu viel Themendurcheinander ist nur erfolgreich, wenn es wirklich unterhaltsam ist.

6.2 Aktivieren des Blogs

Klicken Sie im eingeloggten Zustand auf die Funktion Blog in der rechten Jimdo-Menüleiste.

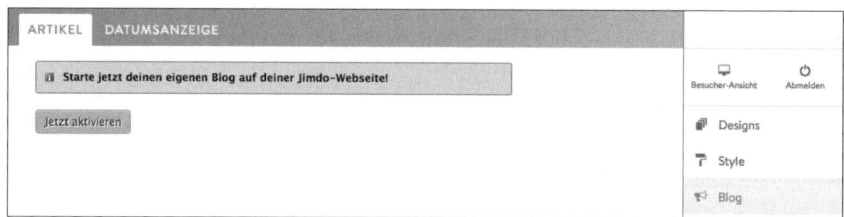

Klicken Sie trotz der etwas irreführenden Überschrift Artikel auf den Button Jetzt aktivieren unterhalb von Starte jetzt deinen eigenen Blog auf deiner Jimdo-Webseite.

Hurra! Dein Blog ist jetzt startbereit!

Info: Sobald du deinen ersten Blog-Artikel veröffentlichst, erscheint dieser automatisch auf der Startseite. Wo deine Blog-Artikel angezeigt werden, kannst du natürlich jederzeit ändern. Weitere Infos zum Blog findest du in der Hilfe.

Jetzt loslegen und ersten Blog-Artikel schreiben

Auf der Folgeseite werden Sie aufgefordert, einen ersten Blog-Artikel zu verfassen. Los geht's. Und keine Sorge ... noch steht alles auf ENTWURF.

6.3   Blogeinträge schreiben

Keine Angst vor dem Ausprobieren: Ihre Blogeinträge sind zunächst einmal nicht sichtbar, da Sie diese zunächst als Entwurf schreiben. Auch muss Ihr Blog erst in Ihrer Jimdo-Page an einer beliebigen Stelle eingebunden werden, um ihn anzuzeigen. Sie können also ganz entspannt erst einmal ausprobieren.

In der oberen Sektion Ihres ersten und der zukünftigen Blogeinträge finden Sie die Einstellungen zu Entwurf / Öffentlich, zu Kommentaren (erlauben oder nicht erlauben) sowie Datum und Uhrzeit des Blogeintrags.

Einstellungen im Eintrag

Wählen Sie die Einstellungen nach Ihren Wünschen (der Eintrag ÖFFENTLICH bedeutet übrigens, dass der Eintrag öffentlich sichtbar ist). Das Datum und die Uhrzeit des Blogeintrags können Sie (auch nachträglich) durch Klick auf das kleine Kalendersymbol bzw. Uhrzeitsymbol jederzeit ändern. Damit entscheiden Sie auch über die Reihenfolge, in der Ihre Blogeinträge – weil nach Datum und Uhrzeit sortiert – erscheinen.

Geben Sie in das oberste Feld den Namen des Blogeintrags ein (er sollte griffig und nicht allzu lang sein) und geben Sie unter KATEGORIEN (TAGS) ein oder mehrere Stichworte ein, nach denen Sie später Blogartikel sortieren möchten. Das kann ebenso »Sommer2016« als Zeitsortierung sein als auch ein Themenbezug wie »Norwegen« oder »Inlandspolitik«.

Sie haben später die Möglichkeit, eine Bloganzeige zu platzieren, in der Sie ausschließlich Blogartikel aus dem Themenbereich »Norwegen« auflisten. Dafür dienen diese Tags. Sie sind kein Bestandteil einer Suchmaschinenoptimierung oder Navigation.

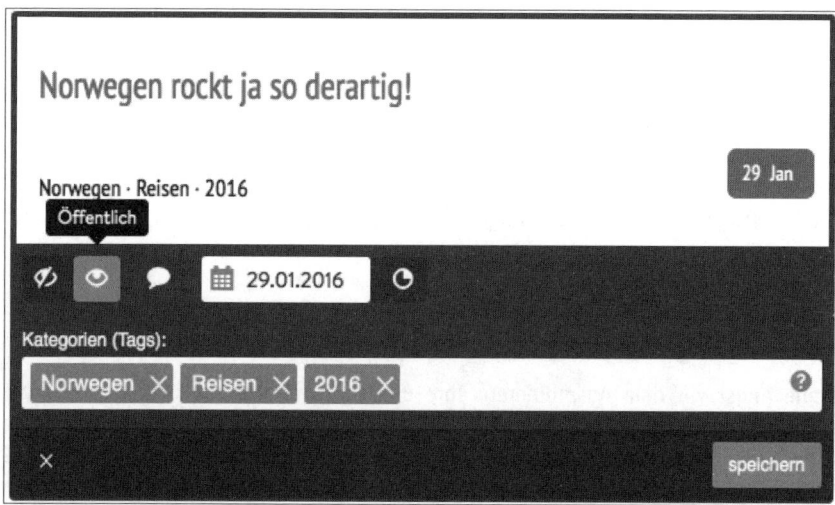

Sobald Sie auf SPEICHERN klicken, ist der Eintrag (zunächst ohne Inhalt) gespeichert, ebenso wie die Kategorie, die Ihnen beim Schreiben des nächsten Blogeintrags wieder angeboten wird, sofern Sie keine neue Kategorie hinzufügen möchten.

6.4   Inhalte des Blogeintrages

Unter + ELEMENT HINZUFÜGEN wählen Sie nun zwischen all den Funktionen, die Ihnen für die Inhaltseinpflege bei Jimdo beschrieben wurden. Eine weitere Überschrift brauchen Sie natürlich nicht hinzuzufügen, da Sie diese ja bereits im vorigen Schritt gesetzt haben. Speichern Sie Ihren Text, Ihre Bilder etc. ab. Sie können den Blogeintrag aus beliebig vielen untereinander gestellten Elementen bestehen lassen.

Das Datums-Icon wird automatisch gesetzt und kann von Ihnen unter STYLE > DETAIL STYLING geändert werden.

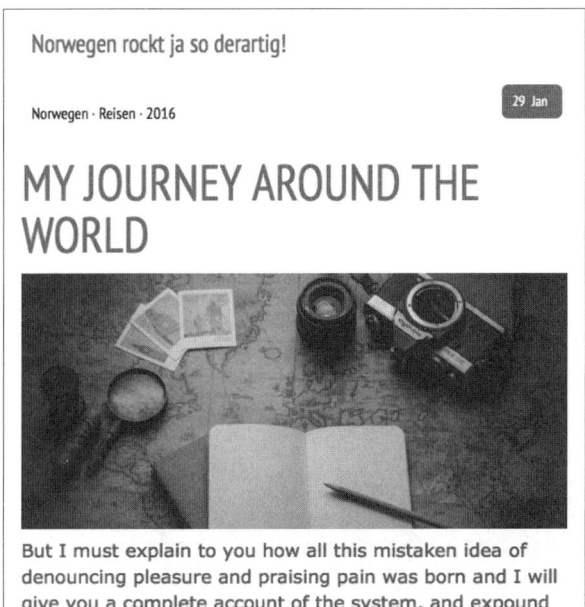

Unterhalb des Buttons Blog in der rechten Jimdo-Leiste haben Sie die Möglichkeit, die Bestandteile dieser Datumsanzeige unter dem gleichnamigen Kartenreiter zu definieren.

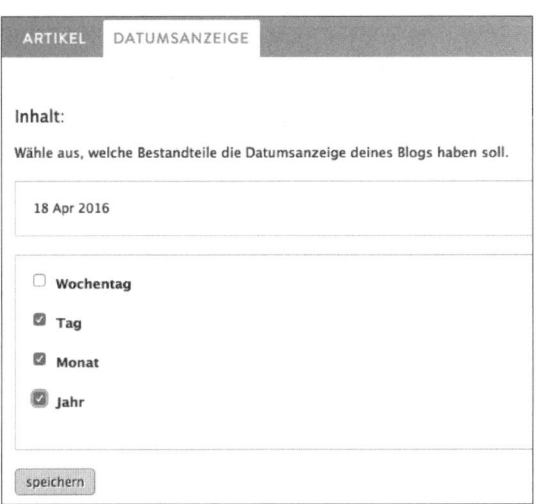

6.5 Kommentarfunktionen einstellen

Wenn Sie in der Kopfzeile Ihres Blogeintrages den Button KOMMENTARE ERLAUBEN aktiviert haben, erscheint unterhalb Ihres Blog-Eintrags die Ansicht einer Zeile mit dem Inhalt

KOMMENTARE 0 – ES SIND NOCH KEINE EINTRÄGE VORHANDEN.

Klicken Sie auf diese Zeile und es öffnet sich die Verwaltung für die Kommentarfunktionen dieses Blog-Eintrags.

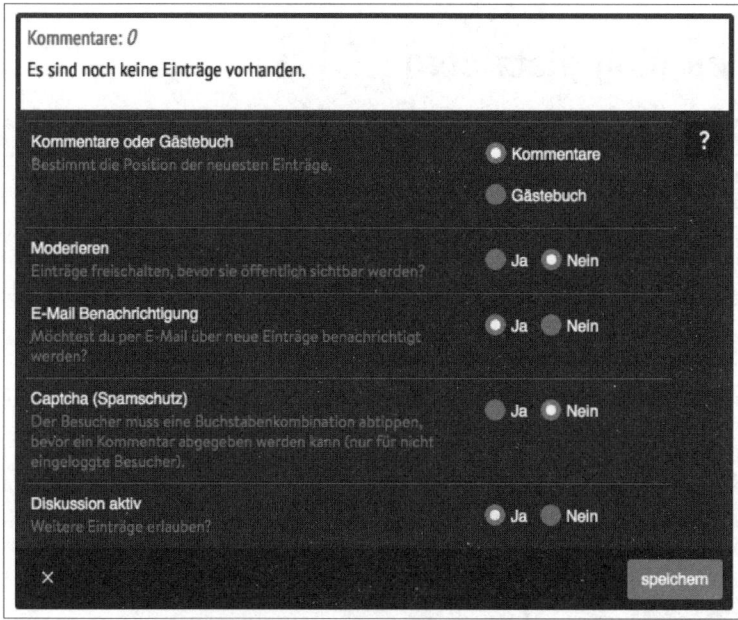

Hier können Sie folgende Einstellungen vornehmen und abspeichern:

- KOMMENTARE ODER GÄSTEBUCH: Bei der Einstellung KOMMENTARE finden Sie die neuesten Einträge ganz unten in der Kommentarliste, bei der Einstellung GÄSTEBUCH immer den neuesten ganz oben.

- MODERIEREN: Möchten Sie hinterlassene Einträge erst sehen und freigeben bzw. löschen, bevor sie öffentlich sichtbar sind?

■ E-MAIL-BENACHRICHTIGUNG: Wenn Sie über neue Kommentare (egal ob bereits freigegeben oder wartend) per E-Mail an Ihre in den EINSTELLUNGEN hinterlegte E-Mail-Adresse informiert werden möchten, aktivieren Sie diese Funktion.

■ CAPTCHA (SPAMSCHUTZ): Möchten Sie einen Spamschutz in die Kommentarfunktion integrieren?

■ DISKUSSION AKTIV: Erlaubt es Ihnen und Ihren Besuchern, Kommentare zu kommentieren und daraus echte »Threads« ähnlich einem Diskussionsforum zu entwickeln. Sie können hiermit bestehende Diskussionen auch zu einem beliebigen Zeitpunkt beenden.

6.6 Den Blog platzieren

Wichtig

Sobald Sie einen Blog eingerichtet und den ersten Artikel veröffentlich haben, erscheint dieser Blogeintrag ungefragt auf Position 1 auf der Startseite Ihrer Jimdo-Page. Denn ein neues Element ist in der Liste der Objekte aufgetaucht!

Element Bloganzeige

Mit Einrichtung des Blogs und dem Schreiben eines ersten Artikels ist bei den Jimdo-Elementen ein neues Element aufgetaucht. Es heißt BLOGANZEIGE und befindet sich unter WEITERE INHALTE.

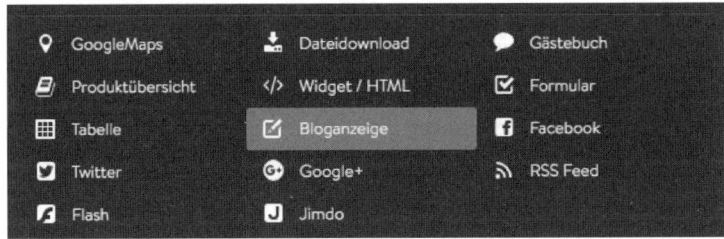

Damit platzieren Sie fortan eine Anzeige Ihrer Blogeinträge an jeder Stelle und auf jeder beliebigen Unterseite Ihrer Jimdo-Webseite. Selektiert nach den Tags, die zur Verfügung stehen:

Da Ihnen die automatisch gesetzte Bloganzeige vermutlich auf Position eins der Startseite nicht unbedingt mundet, löschen Sie diese doch dort und platzieren Sie Ihren Blog mit dem neuen Element »Bloganzeige« dort, wo es Ihnen beliebt. Vielleicht sogar in einem eigenen Seitenbereich »Blog«.

Sobald Sie den Blog mit dieser Funktion platziert haben, erscheint er, und zusätzliche Funktionen werden eingeblendet, mit denen Sie bestimmen können, wie viele Artikel angezeigt werden sollen und ob diese Einträge »angeteasert« werden sollen.

Funktionen der Bloganzeige

- BLOG-ARTIKEL: Wie viele Artikel Ihres Blogs sollen angezeigt werden? Standardeinstellung ist 5.

- ABSTAND: Wünschen Sie sich einen Abstand zwischen den Artikeln? Wenn ja, geben Sie hier einen (Pixel-)Wert ein.

- TEASERLÄNGE: Mit wie vielen Elementen des Blogeintrags sollen die angeteaserten Artikel angezeigt werden? Hinweis: für ausschließlich die Überschrift wählen Sie *0*.

- Option REIHENFOLGE: Alt vor neu oder neu vor alt?

- KATEGORIEN: Geben Sie hier die Tags ein, nach denen Sie an dieser Stelle selektieren möchten. In unserem Beispiel »Norwegen«.

Das Gleiche können Sie bei der Platzierung auch ohne Teaser und in ungekürzter Form mit vollständigen Blog-Artikeln durch Umschalten auf den Reiter ARTIKEL vornehmen:

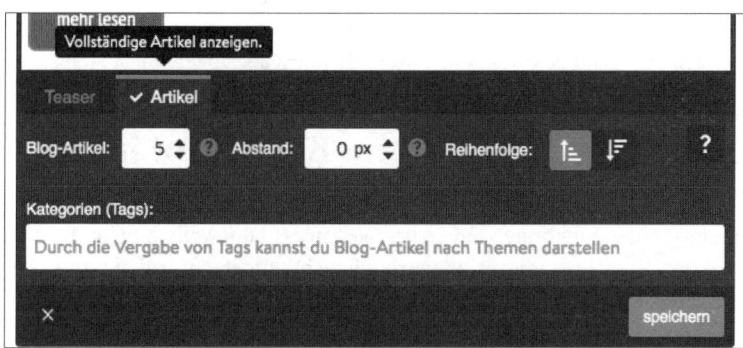

Anschließend speichern Sie Ihren Eintrag und sehen sich im ANSICHT-Modus das Ergebnis an. Sie können mit der Funktion BLOGANZEIGE den Blog übrigens in unterschiedlichen Varianten auf unterschiedlichen Seiten Ihrer Jimdo-Page parallel ausspielen. Zum Beispiel unter einem Vermerk: »die neuesten drei Blogeinträge« auf der Startseite und mit dem Tag »Norwegen« auf einer Unterseite namens »Skandinavien«.

6.7 Mögliche Probleme

Ihr Blog ist zwar integriert, die Einträge werden aber nicht angezeigt. Das liegt meistens daran, dass entweder vergessen wurde, geschriebene Blogeinträge abzuspeichern, oder diese sind immer noch als *Entwurf* gekennzeichnet.

Klicken Sie in diesem Fall nach der Einbindung des Blogs wieder im rechten Menü auf BLOG und klicken Sie den Blogeintrag in der Liste an, den Sie vermissen. Klicken Sie anschließend auf die Titelzeile des Blogeintrags und geben Sie ihn frei, indem Sie auf ÖFFENTLICH umschalten und abspeichern.

6.8 Blog deaktivieren

Unter EINSTELLUNGEN > SEKTION: WEBSEITE > BLOG DEAKTIVIEREN können Sie Ihren Blog jederzeit deaktivieren.

Der eingebundene Blog verschwindet dann von Ihrer Jimdo-Page. Beachten Sie, dass Sie nun leer stehende Bereiche Ihrer Seite gegebenenfalls neu befüllen oder einen in der Navigation eingerichteten Blog-Bereich ausblenden müssen.

Übrigens gibt es noch einen Vorteil beim Jimdo-Blog: Auch wenn der Blog deaktiviert ist, bleiben Ihre geschriebenen Blogartikel erhalten. Sobald Sie den Blog über den Navigationspunkt BLOG im rechten Jimdo-Menü wieder aktivieren, werden nach der Einbindung Ihres Blogs die geschriebenen Blogartikel wieder unverändert angezeigt.

6.9 Erweiterte Funktion im Bereich »Links«

Sobald Sie einen Blog angelegt und den ersten Blog-Eintrag geschrieben haben, verfügen Sie in den Inhaltsfunktionen bei ELEMENT HINZUFÜGEN im jeweiligen Link-Bereich über die Funktion BLOG LINK, die es Ihnen ermöglicht, nicht nur auf interne oder externe Seiten, sondern direkt auf einen Blog-Eintrag zu verlinken.

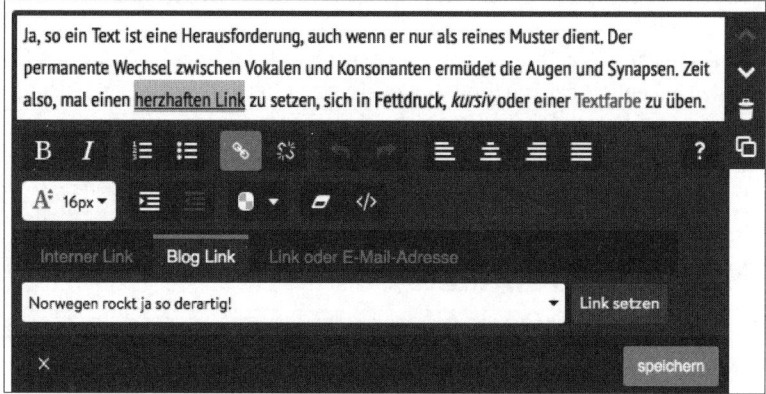

Kapitel 7

Der Jimdo-Shop

Im nachfolgenden Kapitel gehe ich als Autor davon aus, dass Sie über ein oder mehrere Produkte verfügen, die Sie verkaufen möchten. Weiterhin verfügen Sie über die minimale Logistik, die für das Fulfillment gegenüber Ihrem Kunden notwendig ist, um den Bestellvorgang zuverlässig zu bedienen. Weiterhin von geeignetem Bildmaterial und Produkttexten zu den von Ihnen angebotenen Artikeln.

Onlineshopping ist heute kundenseitig mit einer hohen Erwartungshaltung versehen, die Sie in punkto Zuverlässigkeit, Qualität und Bestellabwicklung ernst nehmen sollten, wenn Sie zufriedene und wiederkehrende Kunden bedienen möchten. Und ein guter Onlineshop ist eine kleine Wissenschaft für sich.

7.1 Einstellungen

Ihren Jimdo-Shop richten Sie in mehreren wichtigen Schritten ein. Erst danach befüllen Sie den Shop mit Ihren Produkten, wobei Sie auf eine Vielzahl von Gestaltungsmöglichkeiten für Ihre Produkte zurückgreifen können.

Klicken Sie unter EINSTELLUNGEN > SHOP zunächst auf EINSTELLUNGEN.

Hier legen Sie folgende Parameter fest, wobei Ihnen vereinzelt kleine Lampensymbole als Tooltipps (mit der Maus berühren) weitere Informationen zu den einzelnen Bereichen geben.

- ▪ DEINE SHOP-DATEN: Hier hinterlegen Sie alle persönlichen Daten, Adresse, Standort des Shops, Telefon etc., mit den Sie als Betreiber des Shops erreicht und identifiziert werden können. Die hier gemachten Angaben werden teilweise in weitere Sektionen des Shops und in automatische Mails übernommen.

- ▪ WÄHRUNG (in der Ihre Shop-Preise geführt werden). Wählen Sie aus dem Dropdown die Währung aus, die in Ihrem Shop verwendet wird.

- ▪ E-MAIL-ADRESSE (für den Eingang der Bestellungen). Hier ist als Standard die E-Mail-Adresse hinterlegt, die Sie unter BENUTZER > DEINE E-MAIL-ADRESSE hinterlegt haben. Sie können hier eine beliebige andere Mail-Adresse eintragen, auf der Sie idealerweise gut erreichbar sind.

- ▪ LAND: Geben Sie hier den Standort des Shops ein.

- MEHRWERTSTEUER: Sie können hier einen generellen Mehrwertsteuersatz hinterlegen. Sofern Sie Artikel mit unterschiedlichen Mehrwertsteuersätzen anbieten, z.b. Bücher (derzeit 7%) oder T-Shirts (derzeit 19%), wählen Sie einen (den häufigeren) Mehrwertsteuersatz. Sie können dann individuelle Steuersätze auch direkt am Artikel hinterlegen. In der Rechnung an Ihren Kunden sollten die unterschiedlichen Steuersätze dann je Artikel ausgewiesen und in der Summe getrennt voneinander berechnet werden. Dies ist natürlich nur gültig, wenn Sie umsatzsteuerpflichtig z.b. aufgrund gewerblichen Handels sind.

- FUSSNOTE AN PRODUKTEN IN DER PRODUKTÜBERSICHT ANZEIGEN: Aktivieren Sie diese Checkbox, wenn Sie einen entsprechenden Vermerk zur verwendeten Mehrwertsteuer in Form einer Fußnote anzeigen möchten.

- Die Produktpreise inklusive oder exklusive Mehrwertsteuer und ggf. Versandkosten anzeigen? Wenn Sie letztere Option wählen, wird die Mehrwertsteuer erst im Warenkorb angezeigt. Berechnet wird sie in jedem Fall, sofern Sie im vorangegangenen Feld die Mehrwertsteuer aktiviert oder bei Anlage der Artikel ausgewiesen haben.

- TEXTE FÜR DEN LAGERBESTAND: Hier schreiben Sie ggf. eigene Texte für verfügbare und nicht verfügbare Artikel. Die bereits hinterlegten Texte entsprechen den derzeit gängigen Standards. Die Texte werden neben den Artikeln im fertigen Shop angezeigt und informieren Ihre Besucher über verfügbare und derzeit nicht verfügbare Artikel. Artikel, die Sie langfristig nicht mehr geliefert bekommen, sollten Sie (ggf. vorübergehend) aus dem Shop nehmen oder mit einem 0-Bestand (kann dann nicht in den Warenkorb gelegt werden) versehen, um keine Besucher zu vergraulen.

- HINWEIS FÜR GERINGEN LAGERBESTAND: Hier schreiben und aktivieren Sie eine Meldung für eine frei eintragbare Mindestbestands-Menge, ab der Ihrem Kunden eine Meldung über knappe Warenbestände angezeigt wird. Das kann psychologisch sinnvoll sein, um einen Kaufdruck zu erzeugen, hilft Ihnen aber auch, den Warenbestand zu steuern.

- BESCHREIBUNG DER LIEFERZEIT: Tragen Sie hier Texte ein mit den Laufzeiten für sofort lieferbare Artikel, etwas später lieferbare Artikel (Ware ist z.B. unterwegs an Sie) und Artikel mit sehr langer Lieferzeit (Ware muss auf Basis von eingehenden Bestellungen erst bestellt werden oder trifft spät bei Ihnen ein). Der Text wird neben den Artikeln angezeigt.

- Checkbox FUSSNOTE ZUR LIEFERZEIT BEI AUSLANDSVERSAND ANZEIGEN aktivieren? Erzeugt einen Eintrag mit z.B. folgendem Text (je nach Einstellungen): »Gilt für Lieferungen in folgendes Land: Deutschland. Lieferzeiten für andere Länder und

Informationen zur Berechnung des Liefertermins siehe hier: Liefer- und Zahlungsbedingungen.«

- Artikelnummern aktivieren Sie per Klick in das angezeigte Feld. Das ist sinnvoll bei einer größeren Anzahl von oder Varianten von Artikeln in Ihrem Shop. Die jeweilige Artikelnummer (die Sie frei definieren können) weisen Sie dann später bei Erstellung der Shop-Artikel zu.

- VERSANDBENACHRICHTIGUNG: Wenn Sie Kunden direkt und automatisch per E-Mail informieren möchten, sobald Sie im Bestellcenter vermerken, dass seine Ware auf dem Weg ist, aktivieren Sie diese Checkbox.

- ERLÄUTERUNG DER STREICHPREISE: Da Sie für jeden Preis auch einen Streichpreis hinterlegen können, haben Sie hier ein Textfeld, mit dem Sie eine Erläuterung wie »Unverbindliche Preisempfehlung« für den alten Preis hinterlegen können.

- TRUSTED SHOPS ID: Sofern Sie über eine (kostenpflichtige) Trusted Shops ID verfügen, können Sie diese hier eingeben. Ihr Shop ist dann entsprechend gekennzeichnet und bindet den Trusted-Shops-Käuferschutz in die getätigten Bestellprozesse ein.

- ANMERKUNGSFELD DER WARENKORBSEITE: Jimdo hat ein zusätzliches Feld im Warenkorb spendiert, dem man hier eine individuelle Überschrift geben kann, z.b.»Auf meinem Kaffeebecher soll stehen:« oder »Wie haben Sie uns gefunden?«

- BUTTON TEXTE: Geben Sie Ihren Buttons im Bestellprozess ihre eigenen, am besten juristisch einwandfreien Inhalte.

- PRODUKTÜBERSICHTSSTYLE: Sollen alle Produktübersichten im selben Style gestaltet sein? Hinterlegen Sie ihn hier und sparen Sie Zeit bei der Shopeinrichtung.

Nicht vergessen: Speichern Sie anschließend Ihre Einstellungen.

7.2 Zahlungsoptionen

Die Zahlungsarten, die Sie Ihren Kunden anbieten, sind erfolgsentscheidend für Ihre Verkäufe. Überlegen Sie sich, welchen Kundenkreis Sie ansprechen und welche Waren Sie anbieten.

Bieten Sie zum Beispiel Unterhaltungselektronik oder Fashion an, sollten Sie Zahlungsarten verwenden, die Ihnen den Geldeingang vor Warenausgang ermöglichen (z.B. Vorauskasse, Nachnahme, PayPal, Kreditkarte etc.). Der Grund: Die Ware hat meistens einen hohen Wert und die Käuferschicht ist mit Zahlungsausfällen behaftet bei einem sichtbaren Anteil betrügerischer Kaufabsichten, da die Ware sehr leicht und gewinnbringend weiterverkaufbar ist. Das ist leider die Realität im E-Commerce.

Wenn Sie wiederum Bücher über Kafkas Wirken oder Tee verkaufen, können Sie sich – übertrieben gesagt – auf Ihre intellektuelle und wohlgebildete Käuferschaft verlassen, die Ihnen eine beigelegte Rechnung sicher überwiegend bezahlen wird. In jedem Fall sollten Sie neben der Rechnungsstellung auch ein koordiniertes Mahnwesen führen.

Mit der Menge an Direktbezahlmethoden wie

- PayPal
- PayMill (Kreditkarte)
- Stripe (Kreditkarte)
- PostFinance (Schweiz)
- SOFORT Überweisung

stehen Ihnen gegen Aufpreis im Bereich Zahlungsoptionen oder Vertragsinhalte in jedem Fall ausreichend viele Optionen für sofortigen Geldeingang zur Verfügung.

Wenn Sie nur »unattraktive« Zahlungsarten anbieten, z.B. nur Nachnahme und Vorauskasse, so sind diese jeweils mit einem unmittelbaren weiteren Aufwand kundenseitig verbunden, da der Kunde Ihre Lieferung mit Nachnahmezuschlag vermutlich bei der Post abholen muss, dadurch höhere Kosten hat oder im Anschluss an die Auslieferung eine Banküberweisung tätigen und einige Tage Bankweg in Kauf nehmen muss, bis Ihre Lieferung überhaupt nach dem Zahlungseingang und entsprechender Prüfung versendet wird. Das ist für den Kunden eher unbefriedigend.

Shopseitig müssen Sie wiederum in Vorkasse für Porto, Versandmaterial, Handlungskosten und Ware selbst treten, wenn Sie eine kundenseitig bequeme Zahlungsart wie »auf Rechnung« verwenden. Für Sie als Shopbetreiber ist dies die risikoreichste Zahlungsart, denn die Ware ist zunächst mal weg und für die Bezahlung der Rechnung haben Sie natürlich keine Garantie. Der Aufwand, Ware und Handlungskosten ersetzt zu bekommen, steht – falls nicht bezahlt wird – in keinem sinnvollen wirtschaftlichen Verhältnis zueinander und bietet nur geringe Erfolgsaussichten.

Die Erfahrung zeigt, dass die Option »auf Rechnung« primär gewählt wird, wenn sie angeboten wird.

Das Jimdo-Shop-System bietet unverändert keine Kundenkonten für wiederkehrende Käufer, mit denen zuverlässige Bezahler ab der zweiten Bestellung z.B. auf Rechnung kaufen können.

Man unterscheidet bei der Shopkonzeption zwischen sicheren und unsicheren Bezahlarten. Folgende werden Ihnen in diesem Bereich angeboten:

Die »sicheren« Bezahlarten

- PayPal: Viele Online-Shopper verfügen über ein PayPal-Konto und es lohnt sich – sofern Sie selbst noch keines besitzen –, eines einzurichten, da diese Zahlungsart nicht zuletzt dank eBay schwer im Kommen ist.

- Kreditkarte (PayMill, Stripe): Mein Favorit dabei ist ganz klar Stripe. Kurze Anmeldung und schon geht's los. Kein jährlicher Formularkrieg mit seltsamen administrativen Prozessen und obendrauf hat Stripe auch noch eine tolle App fürs Smartphone.

- SOFORT Überweisung: ebenfalls schnell angemeldet und immer beliebter bei Kunden. Man überweist im Rahmen des Onlineshoppings direkt auf das Konto des Shopbetreibers, das Konto meldet den Geldeingang und der Shop-Prozess wird freigegeben. Zusätzlich gibt es fähige Ansprechpartner und – ähnlich wie bei PayPal – ein funktionierendes Interface bei der SOFORT GmbH.

- PostFinance (ohne persönliche Erfahrungen, da überwiegend in der Schweiz genutzt)

- Per Nachnahme: Unbequem für den Kunden und für Sie beim Versand, da Sie das Nachnahmeformular bei der Postablieferung für jede Lieferung ausfüllen müssen. Kundenseitig zudem stets mit einem Aufpreis für die Nachnahmegebühr versehen. Sie als Shopbetreiber müssen durch die finanzielle Postabwicklung auch immer etwas länger auf Ihr Geld warten. Dafür aber absolut sicher.

- Gegen Vorkasse: Mittlerweile eher seltener geworden. Hier müssen Sie dafür sorgen, dass die eingehenden Zahlungen den Bestellungen korrekt zugeordnet werden und der Versand zügig nach Geldeingang erfolgt. Für beide Seiten entsteht hier zusätzlicher Zeitaufwand, dafür handelt es sich aber um eine absolut sichere Bezahlart, da der überwiesene Betrag kundenseitig nicht per Bankwiderruf zurückgeholt werden kann. Manche Kunden bestellen allerdings und zahlen dann nicht, womit die Bestellung hinfällig wird. Sie haben einen erhöhten Kontrollaufwand und sollten Zeiten festlegen, innerhalb derer ein Kunde zahlen sollte.

- Bei Lieferung: Sie liefern selbst aus und kassieren direkt beim Kunden? Dann ist dies Ihre Zahlart.

- Bei Abholung: Wenn Sie über ein Ladengeschäft mit regelmäßigen Öffnungszeiten verfügen, können Sie Ware verkaufen, die dann stationär vom Kunden bei Ihnen abgeholt wird. Was er dann auch hin und wieder mal nicht tut. Achten Sie darauf, wenn Sie einen erfolgreichen Onlineshop aus Ihrer Privatwohnung heraus führen sollten, dass der regelmäßige Kundenverkehr in Ihrem Treppenhaus nicht für den Unmut anderer Mieter sorgt. So etwas kann auf Dauer sehr ärgerlich und irgendwann juristisch werden, wenn Sie Ihre Wohnung ausdrücklich nicht gewerblich nutzen dürfen.

■ Scheck per Post: Ich persönlich traue nicht einmal dem Scheck, den mir meine Krankenversicherung in der Hoffnung schickt, ich würde ihn vielleicht nicht einlösen. Tu ich aber. Ob ein Scheck gedeckt ist, erfahren Sie meist erst innerhalb von sieben Tagen von Ihrer Bank. Daher empfehle ich, von dieser Zahlart, die doch etwas antiquiert ist, abzusehen. Sie dauert einfach zu lange in der Abwicklung.

Die »unsicheren« Bezahlarten

■ Gegen Rechnung: Wenn Sie diese Methode verwenden, wird Ihr Käufer garantiert schneller den Entschluss fassen, zu bestellen. Die Nachteile bzw. die möglichen Gefahren, die damit verbunden sein können, sind im Kapitel eingangs beschrieben.

Tipp

Bieten Sie – sofern Sie bislang keine Erfahrung als Shopbetreiber haben – am Anfang sichere Zahlungsarten an und führen Sie für eine Testphase von zwei, später vier Tagen die Zahlungsart »auf Rechnung« ein und sammeln Sie Erfahrungswerte mit dieser kundenseitig attraktiven Zahlungsart.

Wenn die Zahlungsausfälle sich in Grenzen halten, führen Sie diese dauerhaft ein. Mit der weiteren Methode »Testbestellung« können Sie selbst Ihren Onlineshop im späteren Live-Betrieb testen, ohne dass zum Beispiel PayPal-Gebühren anfallen. Zur Live-Stellung des Shops entfernen Sie diese Methode wieder.

Klicken Sie nun, nachdem Sie sich für Ihre Zahlungsarten entschieden haben, die Sie jederzeit ändern können, in EINSTELLUNGEN > SHOP auf ZAHLUNGSOPTIONEN und nehmen Sie die Einstellungen dazu vor.

Sie sehen die Zahlungsarten in einer Reihe aktivierbarer Kästchen. Einige dieser Bezahlmethoden müssen zusätzlich über »Zahlungsoptionen Plus« (derzeit 60,- € pro Jahr) aktiviert werden.

7.3 Einzelbewertung der Bezahlarten

PayMill

Leider derzeit in die Insolvenz abgetauchtes Konzept für die Kreditkartenzahlung mit zuverlässigen Abrechnungsabläufen. Dank der dahinterstehenden Bankprozesse eine sich sehr langsam anbahnende Installation – ausufernder Formularkrieg inklusive. Am Ende erhielt man von PayMill ein gut funktionierendes und übersichtliches Webinterface zur Einrichtung Ihrer Kreditkarten-Bezahlvorgänge. Dieses verknüpfen Sie dann mit Ihrer Jimdo-Page. Vom Erstkontakt bis zur Kreditkartenanbindung dauert es leider bis zu vier Wochen. Zukunft leider ungewiss, daher kann situativ keine Beurteilung abgegeben werden. Ich habe stets gerne mit PayMill gearbeitet.

Stripe

Schneller geht's nicht! Kreditkartenfunktion innerhalb weniger Minuten. Anschließend verifizieren Sie Ihren Online-Zugang per Ausweis-Scan, verknüpfen Jimdo-Page und Stripe-Zugang miteinander. Los geht die Kreditkartenzahlung. Und preiswert ist es auch noch.

PostFinance

Ohne Bewertung, da als Schweizer System nicht verwendet. Benötigt wird ähnlich PayPal nach der Akkreditierung eine PSPID, SHA-IN-Signatur und SHA-OUT-Signatur. Jimdo bietet mehr Details unter dem folgenden Weblink:

http://hilfe.jimdo.com/shop/grundeinstellungen-shop/postfinance/

PayPal

Für die Verwendung von PayPal benötigen Sie natürlich ein PayPal-Konto, das Sie unter *www.paypal.de* einrichten können. Sie werden gebeten, folgende API-Einstellungen für Ihr PayPal-Konto einzugeben:

- API-Benutzername
- API-Passwort
- Unterschrift

Die damit verbundenen Daten können Sie durch Einloggen auf Ihr PayPal-Konto selbst in wenigen Schritten beziehen. Eine Online-Anleitung für die Generierung dieser Daten finden Sie in diesem Bereich unter So FINDEST DU DEINE PAYPAL API-DATEN.

Klicken Sie auf diesen Link und lesen Sie die damit verbundene Anleitung im Jimdo-Wiki durch. Anschließend führen Sie diese Schritte in Ihrem PayPal-Konto durch. Natürlich gibt es hier trotzdem eine Kurzanleitung, alleine schon, weil PayPal es verdient!

- Loggen Sie sich auf Ihrem PayPal-Account ein.

- Gehen Sie unterhalb MEIN KONTO auf MEIN PROFIL und klicken Sie auf MEHR.

- Wählen Sie auf der nächsten Seite API-ZUGRIFF.

- Wählen Sie die Option 2: API-BERECHTIGUNGEN ANZEIGEN.

- Klicken Sie nun auf API-SIGNATUR ANZEIGEN ODER ENTFERNEN (*nicht* auf ZERTIFIKAT).

- Übertragen Sie die Daten der Felder API-BENUTZERNAME, API-PASSWORT und UNTERSCHRIFT in die PayPal-Informationen Ihres Jimdo-Accounts.

- Fertig!

Übrigens hat PayPal eine hervorragende Web-App, mit der Sie live die erfolgten Zahlungen an Ihren Shop mitverfolgen können.

SOFORT Überweisung

Die Anmeldung bei SOFORT Überweisung ist nicht ganz so schnell wie jene bei Stripe, aber selbst, wenn es einen Moment dauert, sich zu akkreditieren, und wenn man anschließend »Projekte« auf dem Sofort-Backend definieren muss: Das Warten lohnt sich. Super System, faire Preise bei der Abrechnung und hohe Kundenorientierung der Mitarbeiter. Benötigt wird je Webseite, die man mit seinem SOFORT-Account abrechnen will, der API-Key, die Kundennummer und eine individuelle Projekt-Nummer.

Per Rechnung

Hier öffnet sich bei Aktivierung dieser Methode ein Textfeld, in das Sie (optional) einen kurzen Text wie z.B.»Sie erhalten der Lieferung beigelegt eine Rechnung mit ausgewiesener Mehrwertsteuer.« einfügen können.

Gegen Vorkasse

Tragen Sie hier – diese Methode sollten Sie idealerweise immer mit anbieten – Ihre Kontoverbindung inklusive Namen des Kontoinhabers ein und geben Sie einen Text ein, der Ihre Kunden darüber informiert, wie die Überweisung an Sie betextet werden soll, damit Sie Bestellung und Zahlung für den Versand abgleichen können.

Bei Lieferung

Hier öffnet sich bei Aktivierung ein Textfeld, in das Sie eine Bemerkung wie z.B. »Unsere Auslieferung kündigen wir per E-Mail bei Ihnen an. Sie erfolgt wochentags zwischen 8.00 und 17.00 Uhr. Sie können Ihre Bestellung bei unserem ausliefernden Mitarbeiter bar oder per EC-/Kredit-/Maestro-Karte bezahlen.« einfügen können.

Bei Abholung

Ähnlich wie BEI LIEFERUNG. Hinterlegen Sie hier eine Information, wann und wo die Ware abgeholt werden kann und welche Zahlungen (bar, EC, Kreditkarte etc.) Sie dort anbieten.

Per Nachnahme

Hier verfügen Sie bei Verwendung dieser Methode über zwei weitere auszufüllende Felder, in die Sie die Kosten für die Nachnahmegebühr und einen Hinweistext für Ihre Kunden eintragen können. Achtung: Die Nachnahmegebühr ist im Kundentext mit XXX versehen und muss mit dem entsprechenden Nachnahmewert versehen werden.

Scheck per Post

Hier hinterlegen Sie zum Beispiel die Postadresse für die Scheckzusendung und einen Hinweis auf verlängerte Lieferzeiten bis zur Gutschrift des Schecks unter Angabe der banküblichen Laufzeiten. Mein Schalterbeamter guckt übrigens jedes Mal, als ob ich aus einer Zeitmaschine gestiegen sei, wenn ich ihm mit einem Scheck komme.

Testbestellung

Diese Option dient nur der Testbestellung, um die Funktion Ihres Shops im Live-Betrieb zu testen. Deaktivieren Sie diese Methode unbedingt vor dem Live-Gang Ihres Shops.

Abschließend speichern Sie Ihre Angaben am untersten Ende dieser Einstellungsseite.

Beachten Sie, dass Sie für die Zahlungsmöglichkeiten »auf Rechnung« und »per Vorauskasse« (sofern Sie in der Einstellung LÄNDER auch den internationalen Verkauf Ihrer Waren zulassen) Ihre Kontonummer nur noch im internationalen Format (IBAN/BIC) angeben sollten. Beide Nummern stehen üblicherweise auch auf Ihrer EC-Karte zum Konto.

7.4 Versandkosten

Klicken Sie im nächsten Schritt nun in EINSTELLUNGEN > SHOP auf VERSANDKOSTEN und nehmen Sie die nachfolgend beschriebenen Einstellungen dazu vor.

Die wichtigsten Regeln dazu fasst Jimdo selbst zusammen:

- Die Versandkosten werden pro Warenkorb und unabhängig von der Stückzahl der Artikel im Warenkorb berechnet.

- Einstellungen für ein bestimmtes Land überschreiben die Einstellungen einer Region.

- Wenn auf den Warenkorb des Käufers mehrere Regeln zutreffen (zum Beispiel Standard und Gewicht oder mehrere Tag-Regeln), werden die höchsten zutreffenden Versandkosten berechnet.

Sie haben die Möglichkeit für jeden In- und Auslandsversand

- Standardversandkosten

- Versandkosten-Obergrenze je Bestellung

- Versandkostenfrei ab

festzulegen. Dazu ist es zunächst notwendig, dass Sie sich über die Ihnen zur Verfügung stehenden Versandwege, die Ihnen tatsächlich entstehenden Versandkosten und Verpackungsarten (bzw. deren Kosten) für Ihre Waren informieren.

Da die Versandkostenregelung und die damit verbundenen Systemmöglichkeiten so komplex, veränderlich und vielseitig sind und zudem in der Darstellung kaum Spielraum ermöglichen, verweise ich hier auf den umfassenden und sehr informativen Online-Artikel auf der Jimdo-Webseite unter:

http://hilfe.jimdo.com/shop/grundeinstellungen-shop/versandkosten/

Überlegen Sie sich gut, ob Sie nur innerhalb Deutschlands oder auch z.b. weltweit verkaufen wollen. Ein sehr interessanter Dienstleister in Bezug auf den Versand von einem Jimdo-Shop aus ist

https://www.shipcloud.io/de/lp/jimdo

Mit Shipcloud kann man direkt aus seiner Jimdo-Page heraus eine Versandmarke für DHL, Hermes, UPS oder GLS kaufen und ausdrucken und man kann seinem Kunden einen Link zur Sendungsverfolgung übermitteln.

7.5 AGB, Widerruf etc.

Eines vorweg: Für die Formulierung rechtsgültiger AGB (Allgemeine Geschäftsbedingungen), Widerrufsbedingungen etc. sollten Sie – sofern Sie diese nicht bereits besitzen – einen Anwalt konsultieren. Es existieren im Internet eine Reihe von Webseiten, die Ihnen kostenfreie AGB zur Verfügung stellen, deren Qualität und Tauglichkeit ich nicht beurteilen kann und darf.

Für Ihren Jimdo-Onlineshop ist es wichtig, dass Sie unter EINSTELLUNGEN > SHOP auf AGB, WIDERRUF ETC.

- das Widerrufsrecht/Rückgaberecht
- Ihre AGB (Allgemeine Geschäftsbedingungen – sofern benötigt)

eingeben.

Vorab machen Sie in Form zweier Auswahlfelder Angaben darüber, ob Sie Dienstleistungen online verkaufen (im Gegensatz zu Waren) und ob Sie digitale Inhalte (z.B. Softwaredownloads etc.) vertreiben.

Digitale Inhalte

Falls du digitale Inhalte über deine Webseite verkaufst, kannst du hier auswählen, ob das Widerrufsrecht mit dem Zugang erlischt und auf der Bestellbestätigungsseite eine entsprechende Checkbox erscheinen soll.

◉ **Nein, keine Checkbox anzeigen.**
Ich vertreibe keine digitalen Inhalte online.

○ **Ja, Checkbox anzeigen:**
"Ja, ich möchte sofort Zugang zu dem digitalen Inhalt und weiß, dass mein Widerrufsrecht mit dem Zugang erlischt."

Die Textfelder für Widerrufsbelehrung und AGB übernehmen den unformatierten Text inklusive der eingegebenen Zeilenumbrüche. Sobald die Texte eingegeben wurden, erscheinen in der Meta-Navigation Ihrer Jimdo-Page am Fuß jeder Seite die Links AGB und WIDERRUFSBELEHRUNG, unter denen diese Inhalte auch außerhalb einer Shopbestellung aufgerufen werden können.

Zusätzlich erscheinen die Texte in der automatischen Bestätigungsmail an Ihre Besteller. Klicken Sie nach Eingabe der Texte auf den SPEICHERN-Button am unteren Ende dieser Eingabemaske, da die Texte sonst sofort verloren gehen.

7.6 Textvorlagen

Beim Onlineshopping werden automatische Meldungen und E-Mails generiert, die Ihr Kunde erhält, sobald er eine Bestellung in Ihrem Online-Shop getätigt hat, oder zum

Beispiel (diese Funktion ist optional), sobald die Ware an Ihren Kunden als VERSENDET markiert wurde und unterwegs ist.

Öffnen Sie unter EINSTELLUNGEN > SHOP > TEXTVORLAGEN die Bearbeitungsfunktionen für diese automatischen Inhalte und schenken Sie diesen hohe Beachtung, da eine schlecht formulierte oder unvollständige E-Mail, die Ihr Kunde nach Abschluss der Bestellung erhält, ein mulmiges Gefühl beim Kunden verursachen kann. Außerdem ist diese E-Mail für Ihren Kunden ein wichtiger Beleg, wenn es bei der Abwicklung einmal zu Schwierigkeiten kommen sollte.

Sie können hier fünf unterschiedliche Textbereiche mit Ihren Inhalten belegen:

1. **Anrede** (in den automatischen E-Mails)

    a. Anrede weiblich (»Sehr geehrte Frau«)

    b. Anrede männlich (»Sehr geehrter Herr«)

2. **Bestellbestätigung E-Mail** (Die hier formulierte E-Mail erhält Ihr Kunde nach Abschluss der Bestellung automatisch.)

3. **Versandbestätigung E-Mail** (Diese E-Mail erhält Ihr Kunde, nachdem Sie in der Shop-Verwaltung unter SHOP die entsprechende Bestellung als VERSENDET markieren.)

4. **Info für Kunden bei Auslandsversand** (Diese Mitteilung erhalten Kunden, die aus dem Ausland bestellen, zusätzlich.)

Anrede

Im Bereich 1 (Anrede) haben Sie die Möglichkeit, einen Freitext einzugeben, mit dem Ihre Kunden in den E-Mails automatisch tituliert werden. Hier können Sie z.b:»Sehr geehrte Frau« bzw.»Sehr geehrter Herr« eingeben. Die Eingaben werden nachher automatisch durch die vom Besteller hinterlegten Daten ergänzt und werden in der Mail-Vorlage mit dem Platzhalter {Anrede} angesteuert.

Bestellbestätigung

Im Bereich 2 (Bestellbestätigung) verfügen Sie das erste Mal über die Möglichkeit, die vier Platzhalter {Anrede}, {Vorname}, {Nachname} und {Bestellung} in den Text einzufügen, die bei der Generierung der E-Mail automatisch befüllt werden. Geben Sie hier zunächst einen Betreff ein wie z.B.»Ihre Bestellung bei jimdo-handbuch. de«, die es dem Kunden ermöglicht, die E-Mail sofort als bekannt und erwünscht einzustufen.

Ändern Sie den vorhandenen Text nach Ihren Wünschen ab und positionieren Sie den Cursor dort, wo Sie die Platzhalter wie z.B. {Bestellung} integrieren möchten, und klicken Sie auf den entsprechenden Platzhalter-Button. An dieser Stelle erscheint nachher für Ihren Kunden die Zusammenfassung seiner Bestellung (Mengen, Artikel, Preise etc.). Achten Sie darauf, nicht zum Beispiel *{Anrede} {Vorname} {Nachname}* zu definieren, da sonst »Sehr geehrte Frau Petra Müller« daraus wird.

Das Feld {Vorname} lassen Sie einfach weg. Geben Sie am Ende der E-Mail Ihre vollständige Kontaktadresse für Ihren Online-Shop ein, damit der Kunde den Absender noch einmal klar erkennt und eine Anschrift für Rückfragen etc. hat.

Ein Hinweis: Am Ende dieser E-Mail werden für Ihren Kunden später automatisch Ihre eingegebenen AGB gesetzt. Geben Sie nach Ihrer Adresse am besten *[Absatz]* - - - *[Absatz]* ein, damit diese optisch in der E-Mail etwas abgetrennt werden.

Versandbestätigung

Im Bereich 3 (Versandbestätigung) schreiben Sie einen Text, der Ihren Kunden darüber informiert, dass Sie seine Ware versendet haben, was Sie vorteilhafterweise am selben Tag auch wirklich getan haben. Ändern Sie den vorhandenen Text nach Ihren Wünschen ab.

Da es sich zunächst um die letzte Nachricht handelt, die Ihr Kunde von Ihnen erhält, können Sie an dieser Stelle auch einen Text hinzufügen, der zum Beispiel Ihren Newsletter, einen Katalog oder andere Kundenbindungsmaßnahmen empfiehlt.

Info Auslandsversand

Im Bereich 4 (Info Auslandsversand) hinterlegen Sie einen kurzen Text, der den Bestellern außerhalb Deutschlands beim Check-Out angezeigt wird, um auf möglicherweise durch Zoll, Steuern etc. entstehende Mehrkosten hinzuweisen.

Geben Sie hier einen kurzen Text ein, wie: »Bei Lieferungen an eine Adresse außerhalb Deutschlands können Zölle, Steuern und Gebühren anfallen, die im angezeigten Gesamtpreis nicht enthalten sind.«

7.7 Checkout Formular

Als »Checkout« bezeichnet man beim Onlineshop die formularbasierte Strecke, in der ein Kunde seinen Warenkorb ansieht, Zahlungsart, seine Bestellerdaten von Name bis Lieferadresse etc. eingibt, um dann letztlich auf BESTELLUNG ABSENDEN zu klicken. Nachfolgend erhält er die von Ihnen generierte Dankeseite, die für Businesskunden BESTELLABSCHLUSS heißt.

In den letzten Schritten haben Sie die meisten Funktionen des Checkouts bereits angelegt, der im Jimdo-Shop in eine vorgegebene Reihenfolge gebracht wird. Bei den Daten, die Sie unter EINSTELLUNGEN > SHOP > CHECKOUT FORMULAR eingeben, definieren Sie die Formularfelder, die Sie von Ihrem Onlinekunden abfragen möchten oder auch müssen, da die Bezahlmethoden wie PayPal ebenfalls damit versorgt werden.

Die Felder sind einzeln anklickbar und individuell als Pflichtfelder markierbar, was bedeutet, der Kunde muss die Pflichtfelder ausfüllen, um im Checkout fortfahren zu können.

Die verfügbaren Felder sind:

- Anrede
- Vorname
- Nachname
- Firma
- Straße
- Postleitzahl
- Stadt
- Bundesland
- Telefon
- E-Mail

und Sie werden feststellen, dass Sie praktisch alle Felder brauchen. Insbesondere, wenn Sie die Platzhalter {Anrede}, {Vorname}, {Nachname} und {Bestellung} aus dem vorigen Schritt verwenden, sollten die Felder nicht nur abgefragt, sondern auch als Pflichtfeld definiert werden.

Zudem gibt es Abhängigkeiten zu den Zahlungsarten, die Sie im ersten Schritt ausgewählt haben. Wenn Sie zum Beispiel PayPal als Zahlungsart anbieten, verlangt das Formular von Ihnen, das Feld BUNDESLAND als Pflichtfeld einzutragen.

Der sinnvollste Vorschlag, da Sie für Rechnungserstellung, Lieferung, Rückfragen etc. ohnehin fast alle Informationen Ihres Kunden brauchen: Nehmen Sie alle Felder als Pflichtfeld außer FIRMA – das kann ein optionales Feld bleiben.

Wenn das Formular Schwierigkeiten in Bezug auf die Funktionalität Ihres Shops aufgrund der ausgewählten Felder sieht, meldet es sich ohnehin mit einer nicht immer ganz genau zuordenbaren Fehlermeldung bei Ihnen. Mit diesem letzten Schritt haben Sie dann die Shopeinrichtung von administrativer Seite vervollständigt.

Checkout Formular
Hier kannst du das Checkout-Formular deinen Bedürfnissen anpassen

zurück zur Übersicht

Auswahl der Formularfelder

Wähle aus, welche Informationen du von deinem Käufer abfragen möchtest.

Bitte beachte, dass das Feld "Bundesland/Kanton" immer angezeigt wird, sobald du PayPal als Zahlungsmethode anbietest.

☑ Anrede	☐ Pflichtfeld	
☑ Vorname	☑ Pflichtfeld	
☑ Nachname	☑ Pflichtfeld	
☑ Firma	☐ Pflichtfeld	
☑ Straße, Nr.	☑ Pflichtfeld	
☐ Adresszusatz		
☑ Postleitzahl	☑ Pflichtfeld	
☑ Stadt	☑ Pflichtfeld	

Bestellabschluss

Im Bereich 5 (Bestellabschluss) kreieren Sie textlich die »Dankeseite«, mit der Sie sich bei Ihren Kunden für den Online-Einkauf bedanken.

Dieser Text wird nicht per E-Mail versendet, sondern erscheint als Abschlussseite nach dem Versenden der Bestellung durch Ihren Kunden. Geben Sie hier auch noch einmal

- den Namen des Shops
- Ihre volle Kontaktadresse
- Telefonnummern
- Ansprechpartner
- etc.

ein, da diese Seite gerne kundenseitig ausgedruckt wird.

7.8 Shop-Artikel anlegen

Nun steht Ihr Shop mit laufendem Motor bereit: Zeit für den einen oder anderen Shop-Artikel. Bereits mit dem ersten angelegten Shop-Artikel wird auf Ihrer Seite der Warenkorb platziert.

Gehen Sie nun auf die Seite, die Ihren eigentlichen Shop darstellen soll, und platzieren Sie Shop-Produkte. Wenn Sie mehrere Rubriken von Artikeln anbieten, sollten Sie diese auf unterschiedliche Seiten bzw. Unterseiten verteilen, die Sie mit der Navigation anlegen.

Klicken Sie auf + INHALT HINZUFÜGEN und wählen Sie die Option SHOP-PRODUKT.

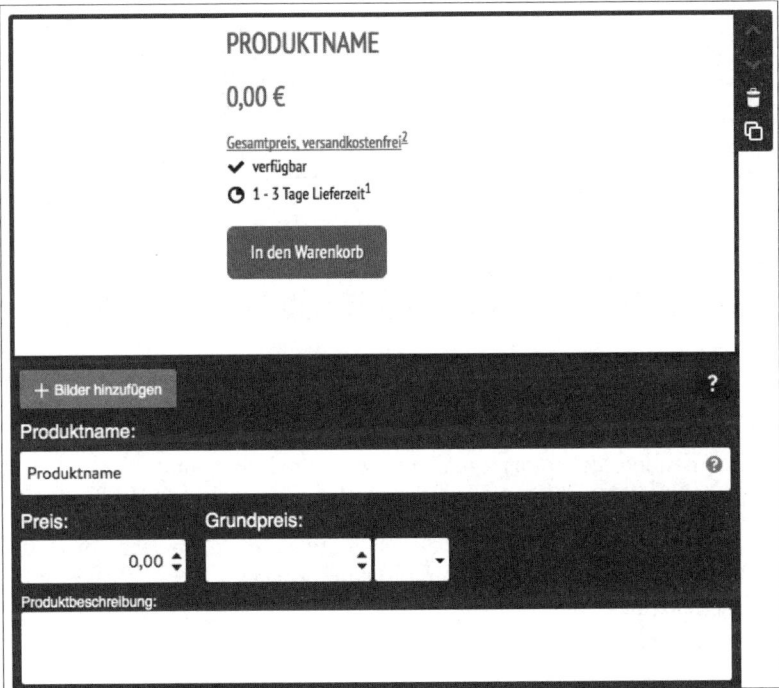

Es öffnet sich die Eingabemaske für Shop-Produkte. Hier können Sie sofort Produktname, Preis, Grundpreis und die Produktbeschreibung Ihres Artikels eingeben.

Vorbei an der Option VARIANTEN, mit denen Sie einen angebotenen Schuh zum Beispiel in den Größen 38, 39, 40, 41 und 42 auch mit individuellem Preis und Artikelnummer

anbieten können, bekommen Sie unter ZUSÄTZLICHE OPTIONEN noch weitere Einstellungsmöglichkeiten für Ihren Artikel.

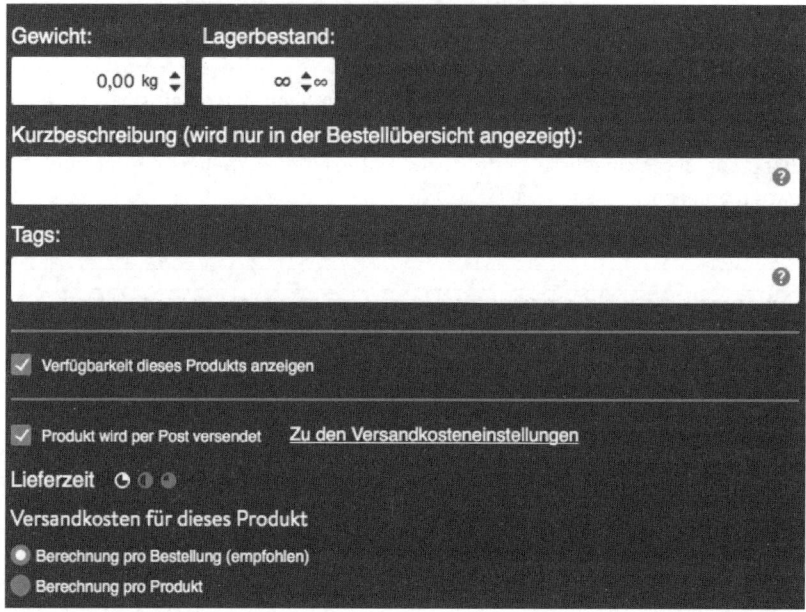

Dabei dreht es sich um

- Gewicht (optional für gewichtsabhängige Versandkostenregelungen)
- den Lagerbestand (der automatisch beim Verkauf reduziert wird)
- eine Kurzbeschreibung, die ausschließlich im Warenkorb angezeigt wird
- Tags (um ähnlich dem Blogmodul bestimmte Stichworte zu vergeben, nach denen Artikel in Artikelübersichten berücksichtigt werden, wie z.B. »Sale«, »Her-
  ren« oder »Aktion123«)
- Mit weiteren Checkboxen und Klicks kann

  - die Verfügbarkeit für den individuellen Artikel ausgeblendet werden
  - das Produkt als postversandfähig deklariert werden
  - der Lieferzeitraum 1 – 3 definiert werden
  - eine individuelle Versandkostenregelung für den Artikel getroffen werden
    (falls er zum Beispiel besonders sperrig ist)

Der fertige Artikel mag dann wie folgt aussehen:

Tokio Greenhouse

Das Mailänder Label Ichendorf ist bekannt dafür, altes Handwerk und moderne Formen zu einer perfekten Symbiose zu bringen. Die Serie "Tokio Greenhouse", die das italo-japanische Designer Duo Noa Ikeuchi und Tommaso Nani für Ichendorf entworfen hat, ist dafür ein bezaubernder Beweis. Ein leichter, wunderschöner und zeitgenössischer Entwurf. Jedes der handgefertigten Gefäße besteht aus zwei Teilen. Der obere, transparente Teil wird über eine mattierte Glasschale gestülpt, die die Basis bildet. Die Schale kann mit Wasser gefüllt werden - dann ist das Tokio Greenhouse eine Vase, bepflanzt man sie, ist es ein kleines Gewächshaus. Aus sehr feinem Borosilikatglas.

Formate: Mini: 12 cm H Ø 15 cm, Low: 19 cm H Ø 19 cm, Medium: 24 cm H Ø 11 cm, High: 30 cm H Ø 9 cm

Art.Nr. 988 / Mini 23,50 €

23,50 €   In den Warenkorb

inkl. MwSt., zzgl. Versandkosten

✔ verfügbar   ☉ 3-5 Tage Lieferzeit

7.9   Artikeltexte

Der Produkttitel muss für den Kunden klar und verständlich (und überdies nicht zu lang) sein, da er im Warenkorb und während des Checkouts angezeigt wird. Bei mehreren Artikeln muss der Kunde den Überblick behalten, um welchen Artikel es sich handelt.

Für die Gestaltung der Artikeltexte stehen Ihnen alle Optionen des Jimdo-Texteditors zur Verfügung, die Sie bereits aus vorangegangenen Eingaben kennen.

Versuchen Sie hier, den Text knackig, ausführlich und mit allen für den Kunden notwendigen Informationen zu Produktbeschaffenheit und Eigenschaften zu verfassen. Je mehr relevante Information Sie hier hinterlegen und anschließend speichern, desto besser. Den Preis müssen Sie hier nicht eintragen.

(Artikel-)Bilder

Die Qualität der Bilder, die Sie für Ihre Produkte einbringen können, ist entscheidend, zumal ein Bild mehr sagt als tausend Worte. Auch die Möglichkeit, mehrere Bilder in unterschiedlichen Ansichten (insbesondere wenn Sie mehrere Varianten wie z.B. Farben Ihrer Artikel anbieten) zu zeigen, sollten Sie nutzen.

Klicken Sie auf +BILDER HINZUFÜGEN oder das Wolkensymbol, um qualitativ hochwertige Bilder in den Formaten GIF, JPG, PNG etc. hochzuladen. Geben Sie in den Einstellungen zum Bild die GRÖSSE gemäß Ihrem Wunsch ein, aktivieren Sie den Zoom, wenn sich daraus für den Kunden ein Mehrwert ergibt.

Die Skalierung der Anzeigegröße ist für alle Produktbilder einheitlich und geschieht automatisch nach Ihrer Vorgabe.

Die Funktion ZOOM bezeichnet eine Mouseover-Funktion im fertigen Shop, mit der Ihr Kunde im Bereich des Artikeltextes eine starke Vergrößerung als Lupenfunktion für die Produktbilder verwenden kann.

Mit BILDER HINZUFÜGEN können Sie später Ihrem Shop-Produkt weitere Bilder verpassen. Nach dem Upload des Produktbildes sehen Sie nun eine Miniatur Ihres Shop-Bildes mit integrierten Funktionen.

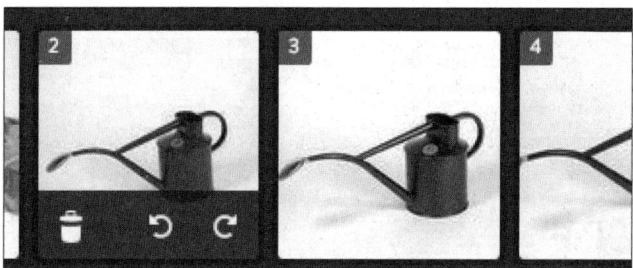

Mit den Pfeilen lässt sich das jeweilige Bild im oder gegen den Uhrzeigersinn drehen. Der Papierkorb kennzeichnet die Löschen-Funktion für jedes Bild.

Wenn Sie mehrere Bilder Ihres Produkts angelegt haben, können Sie die Bilder per Drag&Drop in eine beliebige Reihenfolge bringen.

Das erste Bild (oben links) ist dann auch für die Artikelanzeige das erste Bild. Speichern Sie Ihre Einstellungen anschließend.

Preis

Vergeben Sie den Verkaufspreis Ihres Artikels im entsprechenden Feld und überlegen Sie auch, ob sich hinter möglichen Varianten des Artikels auch unterschiedliche Verkaufspreise verstecken. Varianten von Artikeln sind z.B. unterschiedliche Größen und Farben von ansonsten identischen Artikeln.

Geben Sie hier den Bruttopreis (z.B. inkl. Mehrwertsteuer, also den Endverkaufspreis) ein und den aktuellen Lagerbestand dieses Artikels bei Ihnen. Der Lagerbestand wird bei jeder Bestellung um die entsprechende Anzahl verkaufter Exemplare reduziert, kann aber auch durch Klick auf das Unendlich-Zeichen (die umgefallene 8) als »immer verfügbar« gekennzeichnet werden.

Wählen Sie den Lieferzeit-Typus aus, den Sie bei den Shopeinstellungen bearbeitet haben, geben Sie – sofern nicht bereits durch Ihre vorangegangenen Eingaben befüllt – den Mehrwertsteuersatz für diesen Artikel ein und seine Artikelnummer, sofern Sie

Letzteres in den Shopeinstellungen aktiviert haben. Anschließend speichern Sie Ihre Einstellungen.

Varianten von Artikeln

Um verschiedene Varianten im Artikel zu hinterlegen (Sie wollen ja nicht jede Farbe und jede Größe eines Artikels als eigenen Artikel anlegen), aktivieren Sie die PRODUKT-VARIANTEN. Es öffnet sich das folgende Eingabefeld.

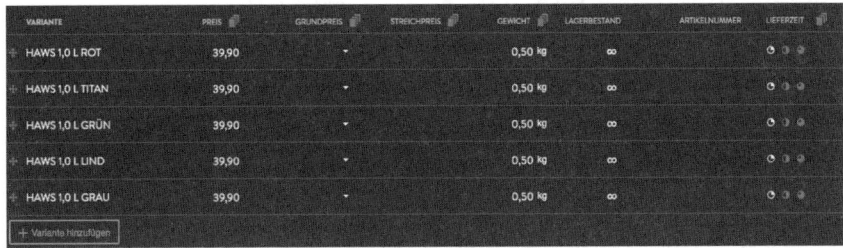

Hier können Sie jede Variante Ihres Artikels anlegen, mit einem kurzen Variantennamen versehen (z.b: Größe 36 gelb, Größe 38 gelb, Größe 36 blau), einen individuellen Grundpreis, eine individuelle Artikelnummer etc. eingeben.

Lagerbestände definieren Sie per Eingabe der Bestandszahl oder als unendlich per Klick auf das Symbol neben den Auf- und Ab-Pfeilen des Lagerwertes.

Individuelle Lieferzeiten markieren Sie ebenfalls per Klick auf das zutreffende Symbol. Anschließend speichern Sie Ihre Eingaben.

Alle Shop-Artikel – mit oder ohne Varianten – legen Sie auf diese Weise nacheinander an. Denken Sie daran, wie eingangs im *Kapitel »Style«* beschrieben, dass Sie noch über einige Gestaltungsmöglichkeiten (Shop-Styles) für den Shop verfügen.

Shop-Verwaltung (Bestellungen bearbeiten)

Ihr Jimdo-Shop zeigt Ihnen (neben der automatischen E-Mail, die Sie bei eingehenden Bestellungen erhalten) direkt beim Login, ob unbearbeitete Bestellungen für Ihren Shop vorliegen. Neben dem Einkaufswagen-Symbol, das bei aktivem Shop in das Jimdo-Flyout eingebunden wird, erscheint eine blaue Ziffer mit der Anzahl neu eingegangener Bestellungen.

Eingegangene Bestellungen

Klicken Sie auf den Einkaufswagen, um die Shop-Verwaltung zu betreten. Sie verfügen hier über die vier Kartenreiter BESTELLUNGEN, BESTELLARCHIV, PRODUKTLISTE und (als Business-User) GUTSCHEINE.

Im Bereich BESTELLUNGEN sehen Sie eine Übersicht der offenen (also nicht versendeten) Bestellungen in einer Kurzansicht. Dargestellt werden

- die Bestellungsnummer (fortlaufend)
- der Name des Bestellers
- Datum der Bestellung
- Wert der Bestellung
- die Markierung nicht verschickt/verschickt
- die Markierung nicht bezahlt/bezahlt.

Sie können die Bestellungen in diesen Übersichten durch einen Klick auf die Überschrift (als Sortierkriterium) nach Belieben sortieren.

Sofern der Kunde sie (z.B. per PayPal) bereits bezahlt hat, ist die Bestellung als BEZAHLT markiert.

7.10 Detailansicht

Der Klick auf den Namen des Bestellers öffnet (in den offenen Bestellungen und im Archiv) eine Detailansicht zur Bestellung:

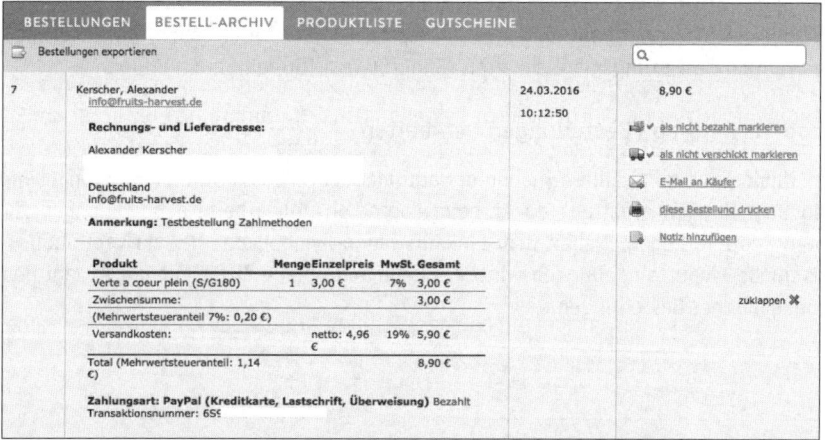

Hier finden Sie alle Details und Optionen zur Bestellung und können z.B. die Bestell-
und Lieferadresse einfach kopieren, um sie z.B. in einen Etikettendrucker für den
Versand zu übertragen.

Die zur Verfügung stehenden anklickbaren Funktionen sind:

- als bezahlt/nicht bezahlt markieren

- als verschickt/nicht verschickt markieren

- E-Mail an Käufer schreiben (öffnet bei installiertem Mailprogramm eine neue
  E-Mail an den Kunden)

- diese Bestellung drucken

- Bestellung löschen (diese Funktion existiert nur, wenn die Bestellung als nicht
  bezahlt und nicht verschickt markiert ist)

- Notiz hinzufügen (zeigt ein weiteres Textfenster zur Eingabe von individuellen
  und internen Kundeninformationen)

Auch in der Listenübersicht: Per Klick auf das BEZAHLT-Symbol können Sie den Status
der Bestellung als BEZAHLT oder UNBEZAHLT markieren. Der Klick auf das Lieferwagen-
Symbol kennzeichnet die Bestellung als VERSENDET oder UNVERSENDET.

Sobald Sie die Bestellung als VERSENDET markieren, wird (bei entsprechend aktivier-
ter Funktion in den Shopeinstellungen) der Kunde automatisch per E-Mail über den
Versand seiner Bestellung informiert und die Bestellung in den zweiten Kartenreiter
(BESTELL-ARCHIV) verschoben.

Die Filterfunktion am Fuß des Bearbeitungsfensters zeigt alle offenen, alle nicht
bezahlten und alle verschickten Bestellungen in einer Listenübersicht.

Produktliste

Im Kartenreiter PRODUKTLISTE finden Sie darüber hinaus eine Übersicht Ihrer Shop-Artikel inklusive Anzahl der bisherigen Bestellungen, Filterfunktionen für unterschiedliche Bestandsarten, Eingabe des aktuellen Bestands und eine Suchmaske für Artikel.
Ein Klick auf die Produktbezeichnung verbindet Sie mit der Detailansicht in Ihrem
Shop.

Gutscheine

Als letzter Reiter (dies nur bei JimdoBusiness) bieten Gutscheine einen tollen Mehrwert für Ihr Onlinemarketing.

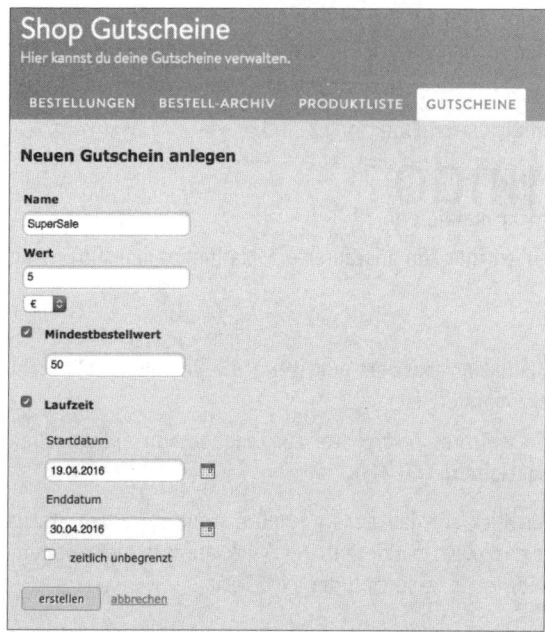

Legen Sie einen neuen Gutschein an (der Name des Gutscheins ist gleichzeitig der Gutschein-Code für Ihren Onlinekunden – also gestalten Sie ihn möglichst nicht zu kompliziert) und wählen Sie zwischen

- Prozentualem Wert oder
- Geldwert
- Notwendigem Mindestbestellwert
- Laufzeit oder
- Unbegrenzte Laufzeit

Anschließend bitte abspeichern. Der Kunde kann den Gutschein dann im Feld Gut-schein-Code beim Checkout aus Ihrem Online-Shop einlösen.

Mit einem falsch konfigurierten Gutschein können Sie sich übrigens schmerzlich den Umsatz vermiesen, also prüfen Sie vor allem, ob Sie nicht einen Mindestbestellwert und eine beschränkte Laufzeit einrichten möchten.

Besonders hilfreich: Die angelegten Gutscheine zeigen Ihnen später (auch wenn sie bereits abgelaufen sind) im Bereich Gutscheine, wie oft sie eingelöst wurden, sodass Sie sehen können, ob Ihre Aktion ein Erfolg war.

Kapitel 8

SEO mit Jimdo

Ja, genau. Suchmaschinenoptimierung ist eine Wissenschaft für sich, deshalb lebt a) eine ganze Industrie von Suchmaschinenoptimierern von dieser gefühlten Raketentechnologie und b) darum unternehme ich in diesem Buch auch keinen Versuch, Ihnen SEO in fünf Minuten beizubringen.

Aber: Wie alle Systeme, ist auch Google nur ein System mit Regeln. Und es gibt – mithilfe einiger genial einfacher Mittel, die Ihre Jimdo-Seite Ihnen bietet, und etwas Fleiß – einige umfangreiche Grundarbeiten, mit denen Sie Ihre Seite für Google so appetitlich aufbereiten können, dass Sie zügig und sichtbar auf die vorderen Google-Ergebnis-Seiten durchwandern – abhängig von der Thematik Ihrer Seite und der Mitbewerberdichte in Ihrer Branche.

8.1 SEO-Grundwissen für Anfänger

- Sie sollten klar wissen, unter welchen Begriffen (Hundefriseur) oder Syntaxen (Hundefriseur Paderborn) Sie gefunden werden möchten.

- »Ich möchte auf Seite 1 bei Google« ist keine hilfreiche Aussage.

- Das, was Sie für Ihre Dienstleistungen und Waren bei Google eingeben würden (»Schwimmerventil für Unterputz-Spülkasten«) ist nicht unbedingt das, was Ihr potenzieller Kunde sucht (»Wasser läuft im Klo«).

- Google liest einfach alles auf Ihrer Webseite, Überschriften, Texte, Links, Bildnamen, Beschreibungen für Bilder, Sitemap, Navigation, URLs der Seiten etc., und Google bewertet das alles.

- Mit »Goldschmuck für Papageien« werden Sie einfacher gefunden als mit »Versicherungsmakler« (Mitbewerberdichte).

- Je länger Ihre Domain bereits inhaltlich gut gefüllt im Web steht und je mehr themenrelevante Seiten einen Link auf diese Seite gesetzt haben, desto besser für Ihr Google-Ranking.

- Die Seite sollte mobil lesbar sein, um bei den mobil getätigten Google-Abfragen gebührend berücksichtigt zu werden.

- Es dauert in der Regel mehrere Wochen, bis sich das eigene Google-Ranking gefunden hat, und es bedarf permanenter Aktualisierung, um den eigenen Platz zu erhalten und zu verbessern. Die Konkurrenz schläft nicht.

- Sie benötigen JimdoPro oder JimdoBusiness, um sich sinnvoll in Google platzieren zu können. Mit JimdoFree werden Sie kaum brauchbare Resultate erzielen.

Die Möglichkeiten mit Jimdo

Folgende Dinge können Sie bei der Anlage Ihrer Jimdo-Seite und den damit verbundenen Inhalten richtig machen, um sich für User und Google optimal zu qualifizieren.

Grundlage: unique content

Als absolute Grundlage gehen wir davon aus, dass Sie Ihre Seite mit inhaltlich und sprachlich qualifizierten, nicht einfach irgendwoher kopierten und zumindest 140 bis 160 Wörtern langen Texten versehen.

Die Individualität, sprachliche Korrektheit und Qualität des Textes sind signifikant wichtig.

Navigationskonzept und -bezeichnung

Nur wenn Ihre Navigation kurz, prägnant und sinnig ist, wird Google sie auch gut finden.

Auch prüft Google, ob die Inhalte, die sich unter den Navigationspunkten befinden, tatsächlich relevant mit dem angedeuteten Thema befassen.

Eine sinnige Navigation in drei Ebenen für den Hundefriseur in Paderborn könnte zum Beispiel so aussehen:

- Start
- Hundesalon Wuff
    - Rassetypische Schnitte
        - Pudel
        - Labrador
        - Bobtail
        - Dackel
    - Grooming
    - Freischneiden
    - Turniervorbereitung
- Hundepflege
    - Pfotenpflege
    - Hundemassage
    - Streicheltherapie

- Welpenstunde
  - Gewöhnung
- Fotogalerie
  - Hundesalon Paderborn
  - Team
  - Kunden
- Preise
- Kontakt

Überschriftenkonzept

So wie hier im Beispiel könnte die Inhalts- und Überschriftenkonstruktion auf der Hauptseite »Hundesalon Wuff« (erste Seite nach der Startseite) aussehen.

Jede Unterseite erhält nur eine einzige H1-Überschrift (Überschrift groß), mit der die wichtigsten Inhalte bzw. Keywords dieser Unterseite gespiegelt werden.

Sie fasst alles kompakt und strukturiert zusammen und verlinkt (redundant zur Navigation) auf die Unternavigation und andere relevante Bereiche.

Die Wahrscheinlichkeit, dass jemand nach »Hundefriseur Paderborn« sucht, wenn er den behaarten Mitbewohner in der Nähe scheren lassen will, ist hoch.

Wichtig ist es nun – unter Zuhilfenahme der Überschriften H2 und H3 (mittel und klein) –, die weiteren wichtigen und möglichen Such-Begriffe (**fett** hervorgehoben) fallen zu lassen. Das kann sich wie folgt innerhalb einer einzigen Inhaltsseite aufbauen:

- Ihr Hundefriseur in Paderborn (H1)
  - Text darunter
  - Rassetypische Schnitte (H2)
    - Einleitung darunter
    - Pudel (H3)
      - Text darunter, Link
    - Labrador (H3)
      - Text darunter, Link
    - Bobtail (H3)
      - Text darunter, Link

- Dackel (H3)

  Text darunter, Link

- Andere Hunderassen (H3)

  Text darunter, Link

- Service für Ihren Liebling (H2)

  Einleitung darunter

- Grooming (H3)

  Text darunter, Preis, Link

- Kämmen (H3)

  Text darunter, Preis, Link

- Bürsten (H3)

  Text darunter, Preis, Link

- Entfilzen (H3)

  Text darunter, Preis, Link

Interne Verlinkung / Verlinkung

Das Internet versteht sich unverändert als Hypermedium, was immer uns das sagen will. Die Urfunktion im Internet sind Hyperlinks. Also machen Sie es es Ihrem Webseitenbesucher einfach, Ihre Seite zu erfahren, und bieten Sie mit internen und externen Verlinkungen die bestmögliche Usability (also optimale Bedienbarkeit) Ihrer Seite.

Verlinken Sie Syntaxen wie »... rufen Sie uns doch einfach an ...« mit der Kontaktseite, verlinken Sie Ihre Facebook-Fanseite in einem neuen Fenster und bieten Sie mit Texten wie »Lernen Sie hier unsere Services kennen« einen Link auf die Dienstleistungs- oder Preisübersicht. Ihr Kunde weiß das zu schätzen – und Google liebt es.

Google & Co.-Tool

Jetzt zum Filetstück: Jimdo bietet Ihnen (im Falle von Pro und Business sogar für jede einzelne Unterseite) ein sehr einfaches Tool namens »Google & Co.«, mit dem Sie

- Title,

- Description,

- URL und

- individuelle Einstellungen

für die Erfassung durch Google vornehmen können. Hier geht es vor allem darum, Google-spezifische Inhalte so aufzubereiten, dass der Eintrag als Suchergebnis mit relevanten »Keywords« gespickt ist.

Nehmen wir einmal die Google-Abfrage »layouts Jimdo«.

Sie führt – Stand heute – zu folgendem Ergebnis:

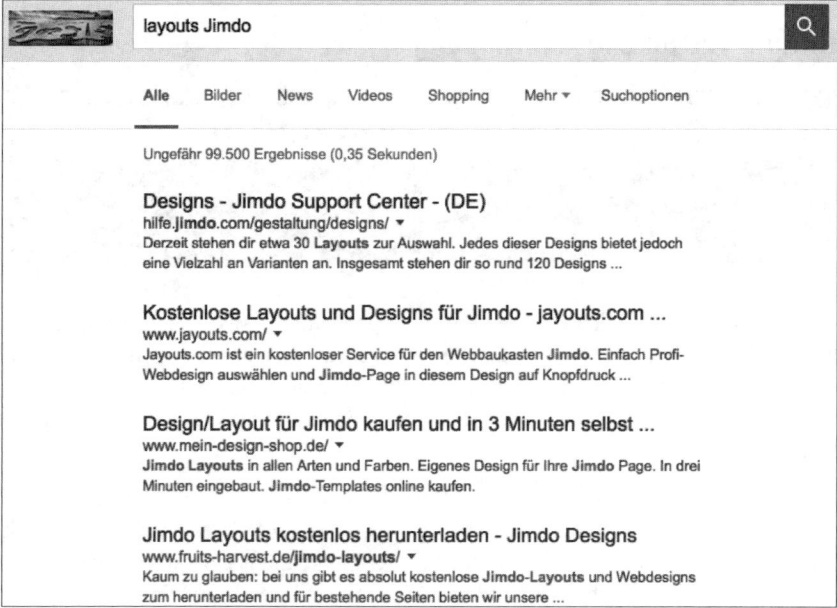

Der dritte Eintrag enthält den Begriff »layouts« (im Plural) im

- Title,
- in der URL und
- in der description

Und qualifiziert sich – neben Alter der Domain und der verfügbaren Inhalte – damit für einen hohen Suchtreffer unterhalb der Domain *mein-design-shop.de*. Erreicht wurde dies durch den Aufruf der Seite (in diesem Fall der Startseite) meiner Domain und Aktivierung des Buttons GOOGLE & CO. in der Seitenleiste.

Dort wurden folgende Eingaben getätigt:

Jimdo macht es mir mit diesem Tool also besonders einfach und zeigt mir in einer Google-Vorschau direkt an, wie ein Suchergebnis zukünftig aussehen könnte.

Die Optimierungsvorschläge nehme ich nun bei der nächsten Bearbeitung an und ändere den Seitentitel (Kürzung), weiterhin mache ich die Beschreibung etwas weniger holprig und griffiger.

Anschließend speichere ich die Änderungen wieder ab. Google wird regelmäßig vorbeikommen und sich die Änderungen abholen.

Bei allen weiteren Seiten (außerhalb der Startseite, wo ich die URL nicht verändern kann) erhalte ich bei der Verwendung des Google & Co.-Tools ein zusätzliches Feld, mit dem ich die URL in Richtung Suchmaschinenoptimierung ändern kann.

Üblichweise heißt eine Unterseite, die ich bei Jimdo mit einer Seite namens »agenturpakete« in der Navigation anlege, auch in der URL:

www.mein-design-shop.de/agenturpakete/

Das kann ich mit der Funktion SEITEN-URL direkt in Richtung meiner Keywords optimieren, indem ich die Checkbox anklicke und einige (wenige!) relevante Suchbegriffe dort einfüge:

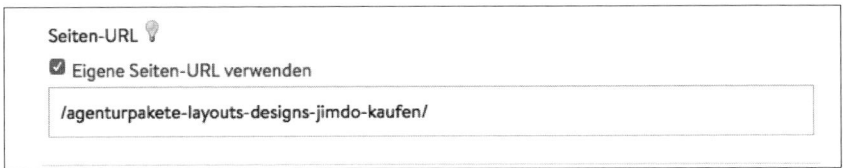

Das Famose daran ist: Sowohl unter der in Google bereits verbreiteten URL

www.mein-design-shop.de/agenturpakete/

als auch mit

www.mein-design-shop.de/agenturpakete-layouts-designs-jimdo-kaufen/

erreiche ich die gemeinte Seite. Ohne einen »Nicht gefunden-Fehler« zu provozieren (404).

8.2   Beständigkeit

Wenn Sie Ihre Seite regelmäßig auf die erreichten Rankings hin überprüfen und inhaltlich optimieren, werden Sie nach einigen Wochen mit sichtbaren Erfolgen belohnt. Einmal wöchentlich SEO oder jeden Tag fünf Minuten bringen Ihre Seite wirklich weiter.

Bei meinen in diesem Kapitel gezeigten SEO-Empfehlungen handelt es sich um sogenannte Onpage-SEO, also um eine Suchmaschinenoptimierung, die sich auf Struktur und Inhalte Ihrer Seite bezieht. Ebenso wichtig ist jedoch auch der Linkaufbau von extern.

Hier darf ich Ihnen sehr das erstaunliche und kostenpflichtige Tool »Rankingcoach« empfehlen, das Ihnen im »Google & Co.«-Bereich Ihrer Jimdo-Seite unermüdlich angeboten wird.

Die Ergebnisse, die sich mit diesem SEO-Trainer-Tool mittelfristig erzielen lassen, sind aus meiner eigenen Erfahrung heraus wirklich gut.

Dabei sollte man einem gesunden Menschenverstand folgen, welchen Rat, den das Tool gibt, man befolgt und umsetzt und was dann doch zu stark in die Optik der eigenen Seite eingreift.

Kapitel 9

Eigene Designs umsetzen (für Profis)

9.1 Vorab

Das nachfolgende Kapitel ist eigentlich ein *Profi-Thema* und wird zusammen mit anderen codebasierten Möglichkeiten in meinem Handbuch

WEBDESIGN MIT JIMDO
Drei Wege zum eigenen Layout mit Jimdo
von Anfänger bis Profi
erhältlich unter *jimdo-handbuch.de*

ausführlich beschrieben.

9.2 Die Layoutschnittstelle

Jimdo verfügt über eine Layoutschnittstelle, mit der es möglich ist, eigenes HTML und CSS-Codes zu hinterlegen. Weiterhin können dazugehörige Dateien wie etwa Grafiken, Skripte etc. hochgeladen und im System genutzt werden.

Mit dieser Schnittstelle ist es möglich, ein völlig eigenes Design (bestehend aus HTML-Code, CSS-Code und ggf. dazugehörigen Grafiken und Skripten) in Ihre Jimdo-Page hochzuladen und dieses Design unter Jimdo weitgehend verlustfrei in Kombination mit den tollen Jimdo-Pflegemöglichkeiten zu verwenden.

Die Betonung liegt dabei auf »Design«, denn die Layoutschnittstelle bietet Ihnen lediglich die Möglichkeit der visuellen Gestaltung und nicht der funktionalen Gestaltung (wie z.B. Integration von PHP-Seiten, Aufbau von mySQL-Datenbanken, FTP etc.) oder ähnlichen, aus der freien Webprogrammierung gewohnten Möglichkeiten.

9.3 Wo liegt das eigene Layout?

Die Layoutschnittstelle finden Sie in der rechten Jimdo-Bar UNTER DESIGN > EIGENES LAYOUT mit den noch einmal darunter liegenden Reitern HTML, CSS und DATEIEN.

Zum Verständnis des Zusammenspiels dieser Bereiche (HTML, CSS, Dateien) der Layoutschnittstelle ist es sinnvoll, neben der gerade offenen HTML-Ansicht einmal auf die Reiter der Bereiche CSS und DATEIEN zu klicken, um sich ein Bild von deren Inhalt zu machen.

Wie man feststellt, hat Jimdo die Bereiche vorab schon mit einem kleinen eigenen Design in Form von hinterlegtem HTML- und CSS-Code sowie drei Grafikdateien vorbelegt.

Der Klick auf den Unterreiter CSS zeigt ein ähnliches Bild wie die HTML-Ansicht mit einem Code-Editor und einem Speichern-Button.

Der Reiter DATEIEN ist als Container zu betrachten. Ein Sammelcontainer, in den geeignete Dateien wie JPG, PNG, JS etc. hochgeladen werden können, um sie über die HTML- und CSS-Codes anzusprechen.

Die hochgeladenen Bilddateien werden unter DATEIEN beim *Mouseover* (überfahren mit der Maus ohne Klick) als halbtransparente Vorschau angezeigt.

Jimdo bietet also neben den direkt verwendbaren und von den Jimdo-Designern vollständig umgesetzten Layouts unter Layouts einen Bereich Eigenes Layout mit den drei Unterbereichen HTML, CSS und Dateien, in denen sich das eigene Design platzieren und aktivieren lässt.

Wissenswert vorab

Vor dem Einstig in die konkrete Verwendung der Layoutschnittstelle hier einige einfache, aber wichtige Punkte, die man vorab verstanden haben sollte, um effektiv mit einem eigenen Layout arbeiten zu können.

- Das Eigene Design wird aktiviert (und löst das vormals eingestellte Layout ab), indem entweder unterhalb des Reiters HTML oder unterhalb des Reiters CSS auf speichern geklickt und die Designänderung anschließend bestätigt wird.

- Das unter Eigenes Layout hinterlegte Design muss zumindest aus HTML-Code und CSS-Code bestehen. Dateien sind nicht zwingend erforderlich. Ein Auslassen der HTML- und CSS-Codes ist nicht zulässig und wird vom System zurückgewiesen.

- Sie können jederzeit zwischen Ihrem eigenem Layout und den anderen festen Jimdo-Layouts wechseln, ohne dass das eigene Layout verloren geht. Es bleibt fest im Bereich Eigenes Layout abgespeichert, auch wenn Sie andere (Jimdo-)Layouts aktiv verwenden. Notieren Sie sich aber ggf. vorher die Nummer bzw. den Namen des Layouts, das Sie mit Ihrem eigenen Layout ablösen möchten.

- Bei der Arbeit im HTML- oder CSS-Code des eigenen Layouts lohnt es sich, zwischendurch Kopien des Quelltextes (immer HTML-Code und korrespondierenden CSS-Code) in einer TXT-Datei zwischenzuspeichern, weil es weder eine Zurück-Funktion noch irgendwelche abspeicherbaren Wiederherstellungspunkte gibt.

- Der HTML-Bereich der Layoutschnittstelle verfügt über einen integrierten Code-Validator, der die Qualität und Logik der HTML-Syntax sowie das Vorhandensein der Jimdo-Variablen (zumindest der Pflichtvariablen, dazu gleich mehr) überprüft. Er ist nicht umgehbar. Der CSS-Bereich wird nicht validiert.

- Beim Upload von Dateien unter Layout > Eigenes Layout > Dateien ist eine Maximalgröße von 500 KB zu beachten. Wichtig: Auch wenn dieser Dateien-Bereich einem Container in der eigenen Jimdo-Page entspricht, können hier keine z.b. CSS-, PHP-, SQL- oder sonstige – mit ungeeigneter Dokumentendefinition gesegnete – Dateien hochgeladen werden. Nutzen Sie diesen Bereich vorzugsweise nur für Grafik- oder z.B. JavaScript-Dateien.

- Der Bereich Dateien kann auch ohne Aktivierung der Layoutschnittstelle verwendet werden. Es können z.B. Bilddateien für Slideshows o.Ä. hier hochgeladen und mit ihrem absoluten Dateipfad (Achtung: Jimdo ändert den Dateinamen) angesprochen werden. Im Rahmen einer aktivierten Layoutschnittstelle können die Dateien mit ihrem Originalnamen und direktem Pfad angesprochen werden. Also im HTML mit z.B.

```
<img src="beispiel.jpg">
```

oder in der CSS mit

```
#beispiel {background:url(beispiel.jpg);}
```

■ Der Bereich STYLE (unterhalb des Buttons LAYOUT) ist auch während der Verwendung der Layoutschnittstelle voll funktionsfähig und definiert das Aussehen der Schriften, Überschriften, Text-Link-Farben, Abstandslinien, Shop-Styles, Blog-Styles etc., sofern diese – Achtung! – nicht von dem eigenen CSS definiert werden. Wenn Sie also Verweise auf eine individuelle Schriftgestaltung in dem CSS hinterlegen, übersteuert diese die Einstellungen des Bereiches STYLE und spielt die Style-Einstellungen ggf. nur in der Bearbeiten-Ansicht aus. Da das Detail-Styling des neuen Jimdo beim Verwenden der Layoutschnittstelle deaktiviert ist, verwenden Sie hier den Style-Bereich im alten Look von Jimdo aus den Jahren 2009 bis 2014.

■ Mit jeder Designänderung werden *alle* im Inhaltsbereich eingepflegten Inhalte, die Seitenstruktur etc. übernommen. Bilder und Text-Bild-Kombinationen, die im einen Design noch ordentlich aussahen, können im eigenen Layout (oder auch bei Auswahl eines anderen festen Layouts) zuweilen wie Kraut und Rüben aussehen. Mit einer Designänderung kann also auch immer noch ein wenig inhaltliche Gartenarbeit verbunden sein.

■ Einige wenige Jimdo-Funktionen sind mit der Aktivierung der Layoutschnittstelle nicht mehr verfügbar und lassen sich – da sie fester Bestandteil der vorgefertigten Jimdo-Layouts sind – auch nicht wieder herbeizaubern. Dazu gehören

　■ Headerbild und dessen Bearbeitungsfunktionen

　■ Die unter STYLE teilweise verfügbaren Optionen für Hintergrundbild oder eigenen Hintergrund als Bild-, Slider- und Videohintergrund

　■ Der frei editierbare textliche Titel aus der Funktion TITELBILD BEARBEITEN

　■ Ausrichtung, Innenabstand und Rahmen wie von manchen Layouts im Bereich LAYOUT > EINSTELLUNGEN gewohnt

　■ Die meisten dieser Funktionen lassen sich im EIGENEN LAYOUT natürlich per CSS definieren und neu aufbauen, nur entfällt die lieb gewonnene, wirklich benutzerfreundliche Steuerung über von Jimdo auf der Seite zur Verfügung gestellte Werkzeuge.

9.4   Testen Sie es!

Wenn Sie also nun (das geht mit jeder Jimdo-Page, in der die vorbelegten Einträge im Bereich Layout > Eigenes Design nicht verändert wurden) unterhalb von HTML oder CSS in Ihrer Jimdo-Page auf speichern klicken, wird das von Jimdo vorbelegte eigene Design aktiviert, das (verstehen wir's als reines Beispiel, denn dieses Designexempel liegt dort unverändert seit 2009) folgendermaßen aussieht:

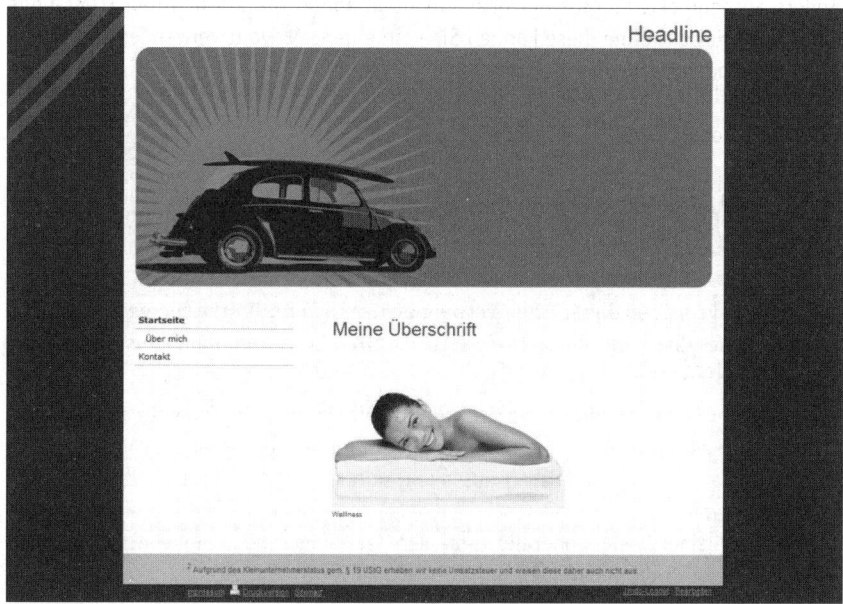

In diesem mit der Layoutschnittstelle erzeugten eigenen Layout können Sie nun mit den gewohnten Jimdo-Funktionen arbeiten.

Sie haben die HTML- und CSS-Dateien, die Jimdo in der Designschnittstelle als Beispiel hinterlegt hat, beim Ausprobieren ordentlich zersägt? Kein Problem. Hier sind die Dateien im Original:

www.jimdo-handbuch.de/downloads/originale-jimdo/

9.5 Die Jimdo-Variablen

Auch wenn dieses Handbuch kein CSS-Lehrgang ist, erscheint es wichtig, den Funktionsbereich Layout > Eigenes Layout > HTML etwas intensiver zu betrachten, denn im HTML-Code werden die *Jimdo-Variablen* platziert, mit der die Jimdo-Funktionen (wie Content, Navigation, Warenkorb etc.) im eigenen Layout als dynamische Areale platziert werden.

Anders ausgedrückt: Es gibt ein paar Pflichtvariablen, die Sie in Ihren HTML-Code einbetten müssen. Ohne diese können Sie kein eigenes Layout verwenden. Im HTML-Code hat eine Variable zum Beispiel folgende Form:

```
<var>content</var>
```

und kann an der Cursor-Position im HTML-Code per Klick auf die entsprechende Variable in der *über dem HTML-Editor liegenden Leiste*

gesetzt werden:

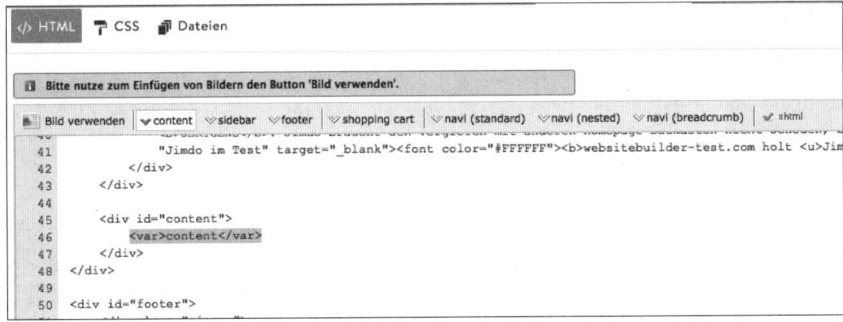

Folgende Variablen sind dabei verfügbar:

1. content
2. sidebar
3. footer
4. shopping cart
5. navi (standard)

6. navi (nested)

7. navi (breadcrumb)

Diese Variablen machen elementare Jimdo-Funktionen im eigenen Layout verfügbar, sind teilweise Pflichtvariablen und/oder können teilweise auch mehrfach gesetzt oder auch (NAVIGATION) in der Syntax reduziert werden:

1. Variable: content

Code: <var>content</var>

Funktion: Platzierung aller Jimdo-Inhaltsfunktionen, die über die Jimdo-Elemente gesteuert werden (Überschriften, Texte, Bilder, Shop-Artikel, Formulare, Widgets etc.)

- Pflichtvariable
- nicht mehrfach platzierbar

2. Variable: sidebar

Code: <var>sidebar</var>

Funktion: Platzierung des Inhaltscontainers für Elemente, die auf jeder Einzelseite der Jimdo-Page wiederkehrend erscheinen (Sidebar), sowie automatische Primär-Platzierung des Warenkorbs

- Pflichtvariable
- nicht mehrfach platzierbar

3. Variable: footer

Code: <var>footer</var>

Funktion: Platzierung der Fußzeile in Jimdo-Pages zur Darstellung der automatischen und/oder über den Bereich EINSTELLUNGEN > FUSSZEILE zuschaltbaren Inhalte Impressum, Druckversion, Seite weiterempfehlen, Sitemap etc.

- Pflichtvariable
- nicht mehrfach platzierbar

4. Variable: shopping cart

Code: <var>shopping cart</var>

Funktion: Freie Platzierung des Warenkorbs innerhalb des HTML-Gerüsts und Herauslösen der Warenkorbdarstellung aus der Sidebar

■ *keine* Pflichtvariable

■ nicht mehrfach platzierbar

5. Variable: navi (standard)

Code: <var levels="1,2,3" expand="false" variant="standard" edit="1">navigation</var>

Funktion: Platzierung der (undesignten) Navigation in Form der Navigationsebenen 1, 2 und 3 als normale Quer- oder Längsnavigation.

■ Pflichtvariable als (standard) oder (nested)

■ kann mehrfach platziert werden

Diese Variable kann in der Syntax bearbeitet werden. Eine Änderung in z.B.

```
<var levels="2,3" expand="false" variant="standard"
edit="1">navigation</var>
```

reduziert die ausgegebenen Navigationslevel auf die Ebenen 2 und 3. Durch eine weitere Platzierung der Variable im HTML-Code in Form von

```
<var levels="1" expand="false" variant="standard"
edit="1">navigation</var>
```

haben Sie die Möglichkeit, Navigationslevel 1 an anderer Stelle im Layout auszugeben, zum Beispiel designt als Quernavigation.

Eine Änderung von edit="1" in edit="0" regelt, ob der entsprechende Navigationsbereich beim Mouseover im Bearbeiten-Modus die Funktion NAVIGATION BEARBEITEN auslöst oder nicht.

6. Variable: navi (nested)

Code: `<var levels="1,2,3" expand="true" variant="nested"`
`edit="1">navigation</var>`

Funktion: Platzierung der (undesignten) Navigation in einer »nested«-Variante zur Verwendung als Dropdown-Navigation

- Pflichtvariable als (standard) oder (nested)
- kann mehrfach platziert werden

Diese Variable kann ebenso wie die Variable 5 (standard) in der Syntax bearbeitet werden. Damit ist es bei gleicher Vorgehensweise möglich, z.B. die ersten beiden Navigationslevel als Dropdown-Navigation auszugeben und eine dritte Ebene als an anderer Stelle positionierte Vertikalnavigation.

Häufig wird nach einer nachträglichen Integration der Dropdown-Navigation in feste (also vorgegebene) Jimdo-Layouts gefragt, die per Konzept nicht über eine solche Navigation verfügen. Antwort: Dropdown-Navigationen lassen sich leider nicht in feste Designs »nachrüsten«.

7. Variable: navi (breadcrump)

Code: `<var variant="breadcrumb" edit="0">navigation</var>`

Funktion: Platzierung einer automatischen Brotkrumennavigation (Breadcrump) als hierarchisch anklickbare Pfadangabe bzw. Orientierungshilfe zur aktuell geöffneten (Unter-)Seite

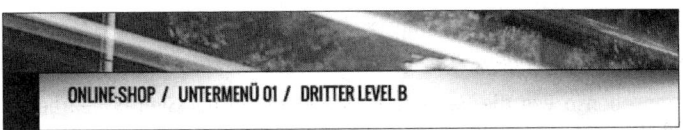

ONLINE-SHOP / UNTERMENÜ 01 / DRITTER LEVEL B

- *keine* Pflichtvariable
- *mehrfach* platzierbar

So weiß der User stets, wo genau er sich befindet.

9.6 Wie werden die Variablen gesetzt?

Unter Layout > eigenes Layout > HTML können die Variablen (unabhängig von der Platzierung im bereits vorhandenen Muster-HTML) über die Variablen-Buttons oberhalb des HTML-Editor-Fensters im Quelltext an der jeweiligen Cursorposition platziert werden.

Dies geschieht durch Platzieren des Cursors mit der Maus innerhalb eines entsprechenden DIVs im (eigenen) HTML-Code und per Klick auf den entsprechenden Variablen-Button.

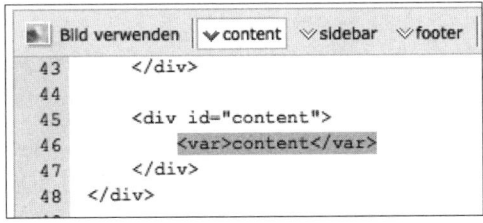

Fehlende oder versehentlich doppelt gesetzte Variablen werden über eine Fehlermeldung bei Abspeichern des HTML-Textes registriert.

> ⚠ **Folgende Bereiche sind nicht im Template enthalten und müssen eingefügt werden::** x
> content

Der Fehler muss behoben werden, damit Sie speichern können. Die DIVs, innerhalb derer die VARIABLEN platziert werden, dürfen frei benannt werden und unterliegen keiner Namenskonvention. Doppelungen der Namen sind zu vermeiden.

Solange IDs und deren Klassen im CSS definiert sind, können sie frei erstellt, platziert, verschachtelt, definiert oder umformatiert werden. Sie können sie auch:

```
<div id="limonade"><var>sidebar</var></div>
```

nennen. Im ausgespielten Quelltext der Jimdo-Page erscheinen später anstelle der Variablen ohnehin dynamische Elemente, die mit eigenen (vorab nicht sichtbaren) IDs und Klassen aufwarten.

Diese Variablen sind demnach Platzhalter für dynamisch aus dem System generierte Inhalte wie zum Beispiel der Warenkorb (Variable »shopping cart«).

Die Werte dieser IDs und Klassen können nach ihrer Identifizierung per CSS sowie ggf. unter Verwendung des !IMPORTANT-Befehls im CSS oder Head der Jimdo-Page modelliert oder überschrieben werden, um zum Beispiel das Aussehen des Warenkorbs oder Aufbau und Gestaltung des Contentbereichs zu definieren.

9.7   HTML-Grundmodell für ein eigenes Design

Das einfachste gültige Modell für den HTML-Code einer Jimdo-Page definieren wir mal wie folgt: ein Container mit fester Breite und einer Kopfgrafik, der die zwingenden Inhaltsbereiche (VARIABLEN)

- Navigation
- Sidebar
- Content
- Footer

beinhaltet.

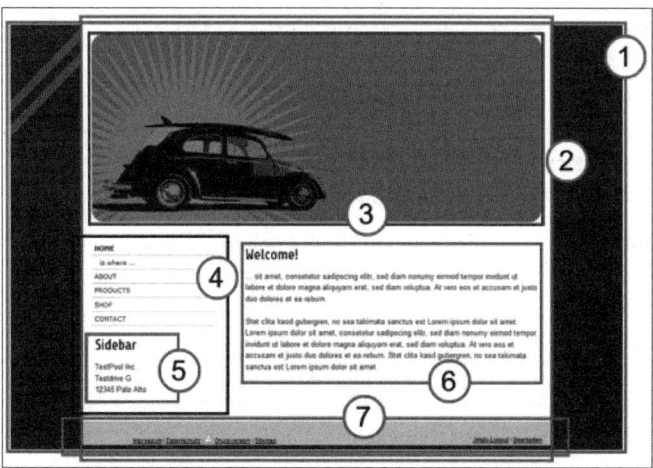

Dies wird im beispielhaften HTML-Modell wie folgt aufgebaut. Die Pflicht-Variablen sind unterstrichen, Bereich 1 (Body) wird nur per CSS und nicht im HTML definiert.

Der HTML-Code kann wie folgt im Bereich LAYOUT > EIGENES LAYOUT > HTML hinterlegt und abgespeichert werden:

```
<div id="container">
  <div id="header">
    <img src="header.jpg" alt="" />
  </div>
  <div id="navigation">
    <var levels="1,2,3" expand="false" variant="standard"
edit="1">navigation</var>
    <div id="sidebar">
      <var>sidebar</var>
    </div>
  </div>
  <div id="content">
    <var>content</var>
  </div>
  <div id="footer">
    <div class="gutter">
      <var>footer</var>
    </div>
  </div>
</div>
```

9.8 Häufige Fragen zu HTML

Kann ich HTML auch ohne eigenes Layout einsetzen?

Ja. Wie im nachfolgenden Kapitel *»HTML im Content punktuell einsetzen«* beschrieben, bieten Ihnen verschiedene Jimdo-Elemente die Möglichkeit, HTML-Code im Content oder der Sidebar einzusetzen (z.B. für Banneraufrufe, Widgets, Bilder etc.).

Kann ich den Bereich Layout > Eigenes Layout > HTML auch ohne CSS und eigenes Design nutzen?

Nein! Mit Abspeichern des HTML-Codes im Bereich HTML wird automatisch die Layoutschnittstelle aktiviert, die auch eine gültige CSS-Datei verlangt.

Wofür wird die Sidebar benötigt?

Die Sidebar ist ein individuell pflegbarer Inhaltsbereich, dessen Content an einer festen Platzierung im Jimdo-Design auf jeder Unterseite ausgespielt wird. Daher eignet sich die Sidebar hervorragend als Footer oder für permanente Elemente wie Kontaktaufnahme, Newsletter-Anmeldung, Werbung etc.

Kann ich eine zweite Sidebar setzen?

Nein. Die Variable ist nur einmal positionierbar, das bedeutet, Sie erhalten nur *einen* solchen Bereich, den Sie mit den Jimdo-Elementen befüllen können.

Kleiner Workaround: Sie können natürlich in Ihrem eigenen Layout ein DIV mit individuellen Inhalten (z.B. Adresse, Downloads etc.) fest positionieren, das Sie dann allerdings per HTML und CSS pflegen müssen.

Was bedeuten diese Meldungen hier?

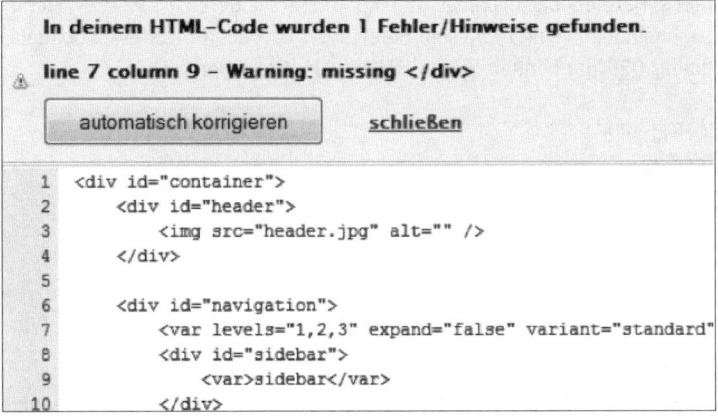

Der HTML-Editor der Jimdo-Layoutschnittstelle ist mit einem Validator versehen, der die eingegebene Syntax prüft und unbarmherzig das Abspeichern von fehlerhaftem oder unvollständigem Code verweigert.

Im oberen Beispiel wurde übrigens ein DIV nicht ordnungsgemäß geschlossen. Die Zeilenhinweise wie »line 7 column 9« beziehen sich übrigens nicht zuverlässig auf die angezeigten Code-Zeilennummern links. Also suchen Sie im obigen Beispiel bitte (leider) nicht in Zeile 7.

Kann ich hier den Quelltext aus einer anderen Webseite hineinkopieren?

Im Grunde schon, sofern Sie die notwendigen Jimdo-VARIABLEN in diesem HTML-Code platzieren, bevor Sie ihn abspeichern. Der HTML-Code ist aber natürlich nur ein Teil des Designs Ihrer Webseite.

Ohne korrespondierende CSS-Informationen und ohne eine grundsätzliche Bereinigung des Quelltextes (um zum Beispiel nicht benötigte HTML-Informationen, jegliche Ordner-Verweise etc.) könnte es eine anstrengende Fehlersuche werden.

Grafiken und Skripte im HTML einbinden

Wenn Sie z.B. Grafiken als festen Bestandteil Ihres Layouts im HTML-Code referenzieren möchten (z.B. eine Logo- oder Headerdatei), stehen Ihnen drei Wege zur Platzierung bzw. Abspeicherung dieser Grafiken auf Ihrer Jimdo-Page zur Verfügung:

1) Abspeichern im Bereich »Dateien«

Sie können valide Dateien bis maximal 500 KB Größe im Bereich Layout > Eigenes Layout > Dateien hochladen. Eine in diesem Bereich der Layoutschnittstelle hochgeladene Datei namens 029.jpg können Sie im HTML-Code direkt per z.B.

```
<img src="029.jpg">
```

aufrufen.

2) Aufruf von versteckten Unterseiten

Legen Sie dazu im Menü eine versteckte Unterseite (im Bereich Navigation bearbeiten Seite anlegen, über das Augensymbol ausblenden, dann abspeichern) namens (vorschlagsweise) img an.

Dort legen Sie mit der +-Funktion ein neues Element *Dateidownload* an und laden das zu verwendende Bild (hier die Datei 029.jpg) hoch. Anschließend wechseln Sie auf den Ansichtsmodus unten rechts und nehmen z.B. mit der rechten Maustaste unter dem Download-Link den so erzeugten Dateipfad der Datei 029.jpg auf:

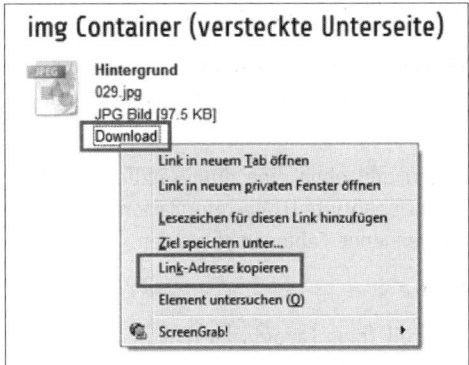

Dieser lautet nun z.B.

```
http://eigenes-design-mit.jimdo.com/
app/download/8765910998/029.jpg?t=1385732034
```

wobei Sie den kursiven Teil der Syntax beim Aufruf im HTML auch weglassen können. Die HTML-Syntax wird nun letztlich lauten:

```
<img src="http://eigenes-design-mit.jimdo.com/
app/download/8765910998/029.jpg">
```

Solche Aufrufe funktionieren auch mit den Deeplinks von innerhalb des Contents verbauten Bildern (rechte Maus-Taste > GRAFIK-INFO ANZEIGEN z.B. bei Firefox). Dort (im Content) werden sie aber auch schneller versehentlich gelöscht.

3) Externer Aufruf von Bildern

Nicht schön, fehleranfällig, bei Suchmaschinen unbeliebt und unschön, aber im Notfall immer noch besser als nichts: der Aufruf einer Bild- oder Skriptdatei im HTML von einem externen Server.

In diesem Fall lautet die Syntax natürlich

```
<img src="http://{domainname}/img/029.jpg">
```

Bild verwenden-Button

Im HTML-Editor gibt es für den direkten Zugriff bzw. die Einbindung von Bildern, die im Bereich DATEIEN abgespeichert sind, einen BILD VERWENDEN-Button:

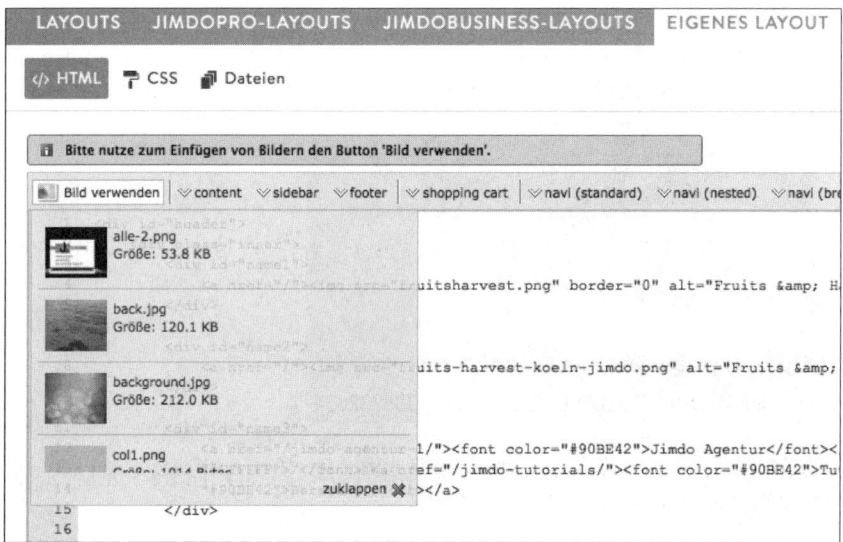

Positionieren Sie den Cursor bei der Arbeit im Quelltext an der gewünschten Stelle, wo das Bild eingebunden werden soll, und klicken Sie auf BILD VERWENDEN.

Aus einer Liste mit Thumbnails der unter LAYOUT > EIGENES LAYOUT > DATEIEN verfügbaren Bilder (sofern dort Bilder abgespeichert sind) können Sie per Klick nun den Code für den Aufruf des gewünschten Bildes hinterlegen und anschließend abspeichern.

Diese Funktion ist besonders hilfreich, wenn Sie wenig Erfahrung im Umgang mit HTML-Codes haben oder für Suchmaschinen optimierte und mit langen Dateinamen versehene Bilder einbinden möchten, da sich die Wahrscheinlichkeit eines Schreibfehlers reduziert.

Nach dem Abspeichern (und dem Bestätigen der Designänderung) wird Ihre Jimdo-Page ein wenig seltsam aussehen. Das liegt daran, dass vermutlich die CSS-Informationen noch nicht ausreichend hinterlegt sind.

Dies ist der nächste Schritt zum eigenen Design mit der Designschnittstelle.

9.9 HTML im Content punktuell einsetzen

Auf den Hilfe- und Forenseiten von Jimdo handeln viele Einträge von Fragen, die sich nicht explizit mit einem kompletten eigenen Design, sondern mit dem punktuellen Einsatz von HTML beschäftigen.

Wenn Sie innerhalb Ihres Contents oder in der Sidebar HTML-Elemente (etwa den externen Aufruf einer Grafik, eines Links oder eines Banners) umsetzen möchten, reicht es, mit der +-Funktion ein neues Element WIDGET / HTML zu eröffnen:

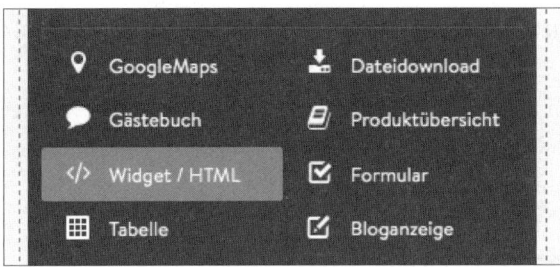

um im nachfolgenden Dialog eine gültige HTML-Syntax in das Editor-Fenster zu integrieren.

Dabei können Sie alle gültigen HTML-Tags verwenden oder auch formatierende CSS-Eigenschaften mitgeben:

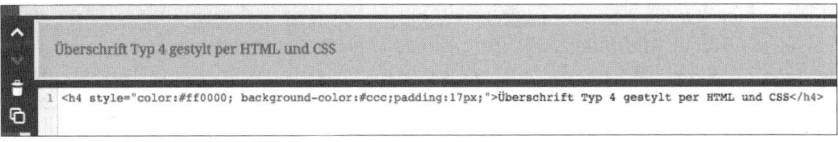

Von der Verwendung eines durch Microsoft-Office-Dokumente erzeugten Quellcodes empfehle ich übrigens, Abstand zu nehmen.

Beinahe alle Text beinhaltenden Jimdo-Elemente (Text, Text mit Bild, Tabellen, Shop-Produkte) bieten auch die Möglichkeit einer unmittelbaren HTML-Bearbeitung:

Weiterhin können Sie natürlich in allen HTML-Edit-Bereichen auch auf CSS-Definitionen verweisen, die Sie im eigenen Design entweder im Bereich Layout > Eigenes Layout > CSS oder im Head-Bereich definiert und hinterlegt haben.

Ein solcher Aufruf sieht dann als Widget / HTML oder im HTML-Bearbeitungsfenster eines Elements Text wie folgt aus:

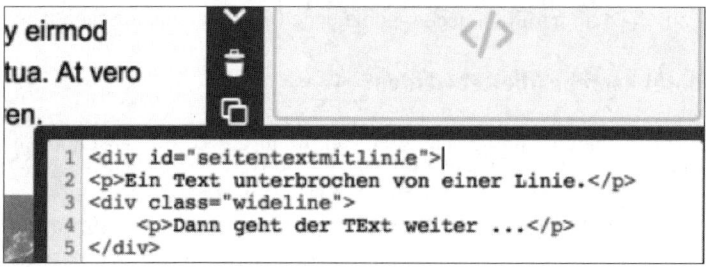

```
1  <div id="seitentextmitlinie">|
2  <p>Ein Text unterbrochen von einer Linie.</p>
3  <div class="wideline">
4      <p>Dann geht der TExt weiter ...</p>
5  </div>
```

wobei in der eigenen CSS-Datei oder im Head-Bereich vorab folgende Klasse definiert und hinterlegt wurde:

```
.wideline {width:200px;margin-left:0px;height:2px;
           background-color:#ff0000;}
```

9.10 CSS-Grundmodell für ein eigenes Design

Das CSS-Modell definiert das Aussehen und Verhalten der von Ihnen im HTML aufgebauten DIVs oder punktuell verwendeten DIVs und Klassen.

Für ein umfassendes Verständnis der nachfolgenden Codes sollten Sie idealerweise Grundkenntnisse zum Thema CSS haben.

Für das vorab aufgebaute HTML-Modell müssen nun (mindestens) folgende DIVs und Klassen im CSS unter Layout > Eigenes Layout > CSS definiert werden:

```
#body

#container

#header

#navigation

#sidebar

#content

#footer

#footer .gutter
```

Jimdo bietet in diesem Zusammenhang eine – nachfolgend stark bereinigte – CSS-Datei als Vorlage an, die man natürlich gegen jede eigene CSS-Datei austauschen kann.

Welche CSS-Datei kann bearbeitet werden?

CSS-Dateien definieren das Aussehen und Verhalten der von Ihnen im HTML-Modell aufgebauten DIVs und Bereiche. In einer Jimdo-Page gibt es nicht »die eine« CSS-Datei, in der einfach alles geregelt wird. Dazu ist das System zu komplex, weil es als intelligent strukturierter Webbaukasten in einen veränderbaren Bereich (z.B. Layout, Schriften etc.) und in einen nicht zugänglichen Bereich (layoutspezifische Bestandteile, gemeinsame Grundfunktionen, webbasierter Edit-Modus, Verhalten der einzelnen Elemente etc.) unterteilt ist.

main.-, layout.- und font.css

Interessant für Ihr eigenes Design sind zunächst einmal die im Quelltext ersichtlichen Dateien layout.css und font.css

```
ayout/css/main.css?t=1461315554" rel="stylesheet"

t/css/layout.css?t=1461064667" rel="stylesheet" ty

t/css/font.css?t=1461315554" rel="stylesheet" type
```

Während die hier sichtbare main.css unabhängig vom gewählten Layout Einstellungen, die über das Backend von Jimdo administriert werden können, vorhält (etwa

Checkout-Varianten oder Blogstyles), wechselt der Inhalt der layout.css bei Verwendung der Layoutschnittstelle zwischen den CSS-Vorgaben des ausgewählten Jimdo-Layouts und den unter LAYOUT > EIGENES LAYOUT > CSS frei definierbaren Codes.

Die font.css wiederum beinhaltet (auch) die unter STYLE (Schriftformat) getätigten Einstellungen des Users.

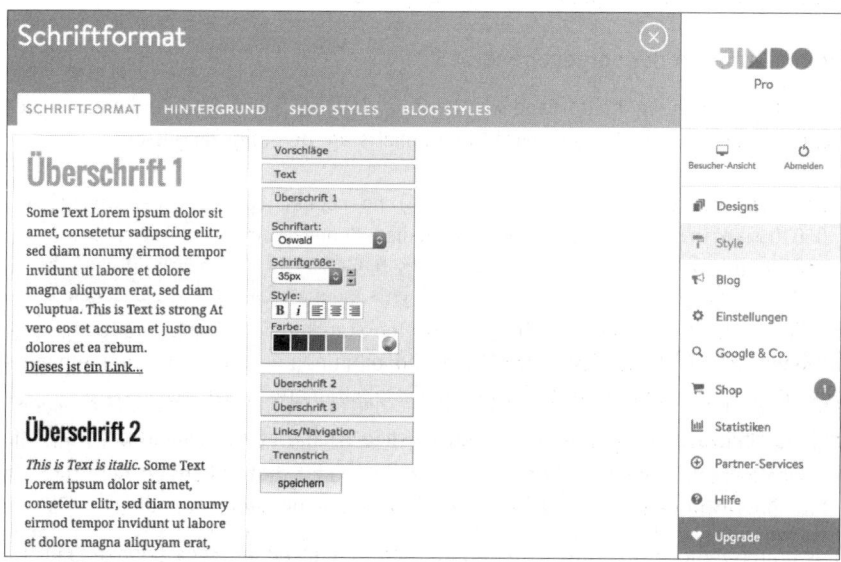

Diese Schriftinformationen bleiben auch bei Verwendung des eigenen Layouts erhalten, das im Bereich Style (immerhin noch) den obigen Editor aktiviert,

- sofern im eigenen CSS keinen neuen Definitionen für p, h1, h2, h3 etc. getroffen werden (der Befehl !important muss nicht verwendet werden) oder

- die hier getroffenen Definitionen nicht zum Beispiel per CSS im Headbereich unter EINSTELLUNGEN > HEAD BEARBEITEN übersteuert werden

In der eigenen CSS hinterlegte Schriftdefinitionen werden die unter STYLE getroffenen Einstellungen immer überschreiben. Stehen im Bereich STYLE andere Schriftdefinitionen als in der eigenen und aktivierten CSS, kann es zu verwirrenden, weil unterschiedlichen Schriftdarstellungen im Bearbeiten- und Ansichtsmodus der Jimdo-Page kommen. Eine Angleichung zwischen den in der CSS getroffenen Schriftdefinitionen und dem STYLE-Bereich ist dann empfehlenswert.

Übrigens: Wenn Sie neben den derzeit bei Jimdo ab Version Pro im Bereich der Design-Schnittstelle verfügbaren 8 + 33 Schriften andere Webfonts (*google.com/fonts* und weitere Services) einbinden möchten, werden die (z.b. über den Head) eingebundenen Schriftarten *nicht* im Style-Menü angelegt bzw. angezeigt.

Das kann bei nicht umfassender CSS-Anlage der Schriften in bestimmten Bearbeiten-Situationen für unterschiedliche Darstellungen sorgen.

Dokumentation der vorgegebenen CSS

Bei jeder brandneuen Jimdo-Page sind Muster-HTML, -CSS und -Dateien bereits in der Schnittstelle hinterlegt. Diese wird hier einmal stark bereinigt dargestellt.

```
body {background: #333333 url(bg.gif) no-repeat top left;padding:35px
0 0 0;margin:0;font: 11px/140% Verdana, Geneva, Arial, Helvetica,
sans-serif;}
```

In diesem Quellcode wird dem Body direkt eine Standard-Schriftart, -Größe etc. mitgegeben. Ich empfehle, feste Schriftdefinitionen nur zu vergeben, wenn eine benutzerseitige Änderung (z.b. über Style) grundsätzlich unerwünscht ist.

Für die Fließtexte body, p und die Überschriften h1 bis h3 etc. empfehle ich grundsätzlich keine Schriften, Farben etc. zuzuteilen, damit diese über den Bereich Style ohne Eingriff in den Quellcode benutzerseitig verändert werden können.

Das grundsätzliche Text-Linkverhalten mit den Pseudoklassen :hover oder a:link, a:visited etc. würde ich aber zumindest für den Aspekt text-decoration, font-weight etc. definieren.

```
#container {margin:0 auto;width:834px;background:white;}
```

Eine Mischung aus Farbtypzuweisungen wie background:white, color:#ffffff, border:1px solid rgb (255,255,255) ist zu vermeiden. Halten Sie sich am besten einheitlich an entweder die Hex- oder RGB(a)-Werte.

```
#header {padding:17px;}
#header h1, #header a {padding:0; font-family:"Helvetica","Lucida
Sans Unicode",Tahoma,Verdana,Arial,Helvetica,sans-serif; font-
size:30px;font-weight:normal;text-decoration:none;line-height:1.3em;
color:#666666;text-align:right;}
#header a:hover {text-decoration:none; }
```

Aus SEO-Sicht wird die h1-Schrift je Unterseite nur einmal vergeben. Ich empfehle, im Header keine h1-Überschrift zu platzieren, da sie immer mit einer h1 im Fließtext, Blog etc. im dargestellten Content konkurrieren wird.

Selbst wenn man die Überschrift *als Link definiert* ist eine CSS-Definition der Schriftfamilie, des Linkverhaltens etc. hier auf jeden Fall angebracht.

```
#navigation {float:left;width:220px; padding:17px;}
```

#navigation regelt an dieser Stelle nur das Aussehen des Navigationscontainers, nicht das Navigationsverhalten.

```
#sidebar {padding-top:10px;}
```

Denken Sie beim DIV #sidebar daran, dass die hier abgelegten Inhalte zunächst einmal auf jeder Unterseite sichtbar sind.

```
#content {float:right;width:530px; padding:17px;}
```

#content ist ein extrem wichtiger Bereich Ihrer CSS-Datei. Hier wird einmal nahezu alles stattfinden, was der User in seine Jimdo-Page einpflegt und seinem Besucher präsentiert: Texte, Bilder, Galerien, Videos, Shop-Artikel etc.

Ich empfehle, den Contentbereich – sofern kreativ nicht anders verpflichtet – ausreichend breit und mit möglichst neutralem (am besten weißem) Hintergrund auszustatten, da nicht freigestellte Bilder, Widgets etc. problematisch auf zum Beispiel buntem oder halbdurchsichtigem Hintergrund wirken können.

```
#footer {clear:both;margin-top:10px; background: url(footer-bg.gif)
repeat-x top;height:65px;}
#footer .gutter {height:30px;padding:35px 15px 0 90px;}
```

Achtung beim Footer! Hier sind durch die Variable <var>footer</var> Areale für Fußzeilentexte, Meta-Menüs wie AGB, Impressum, Druckversion etc. vorgesehen, die ihren Platz finden möchten. Diesen Bereich in der Höhe lieber dynamisch halten, anstatt ihn fix zu begrenzen.

```
ul.mainNav1,ul.mainNav2 {margin:0;padding:0;}
ul.mainNav1 li, ul.mainNav2 li {display: inline;margin: 0;padding:0;}
ul.mainNav1 li a,ul.mainNav2 li a {font:normal 11px/140% Verdana,
Geneva, Arial, Helvetica, sans-serif;text-decoration: none;display:
```

```
block;color:#333;border-bottom:1px solid #CCC;}
ul.mainNav1 li a {padding:4px 4px 4px 4px;}
ul.mainNav2 li a {padding:4px 4px 4px 14px;}
ul.mainNav3 li a {padding:4px 4px 4px 24px;}
ul.mainNav1 a:hover {background:#EEE; color:black;}
ul.mainNav1 a.current {font-weight:bold;}
```

Diese Standard-Navigation ist quasi der Klassiker: Horizontalmenü mit drei Ebenen.

Seit Ende 2013 gibt es die Möglichkeit, unterschiedliche Navigationsmodelle zu wählen oder die Variablen bei der Vergabe in der Syntax zu bearbeiten, um zum Beispiel einzelne und individuell per CSS gestaltete Navigationsebenen auszugeben. Siehe dazu das *Kapitel »Die Jimdo-Variablen«*.

Im Rahmen der Navigation ist eine exakte Definition des Schriftverhaltens, -familie, -größe etc. übrigens absolut unerlässlich.

Referenzierung innerhalb der CSS

Wenn Sie den Bereich Layout > Eigenes Layout > Dateien nutzen, um zum Beispiel eine Hintergrunddatei background.jpg für Ihre Jimdo-Page zu »hosten«, können Sie innerhalb Ihrer CSS nun ganz wie im Webdesign gewohnt auf diese Grafik referenzieren:

```
#container {margin:0 auto; width:834px; background:url(background.
jpg);}
```

Bei der Verwendung von bereits in den Content eingebetteten Grafiken muss diese Syntax (gemäß vorangegangenem Abschnitt »HTML-Grundmodell« mit einem absoluten Pfad versehen werden, nämlich

```
#container {margin:0 auto; width:834px; background:url(http://
eigenes-design-mit.Jimdo.com/app/download/8765910998/
029.jpg?t=1385732034);}
```

Hier bitte ausschließlich den absoluten Dateipfad mit der vollständigen Syntax verwenden.

Referenzieren auf eine Page-ID

Wenn Sie die Page-ID (siehe *Kapitel »Grundlagen zum Design mit Jimdo«*) zum Einsatz bringen möchten – um zum Beispiel den Header auf Ihrer Startseite mit einem anderen Hintergrund zu versehen –, können Sie Ihren #header-Code wie folgt aufbauen:

```
#page-1234567890 #header {background:url(datei-startseite.jpg);}
#header {background:url(datei-sonstige-seiten.jpg);}
```

Damit wird dann die Hintergrunddatei für die Seite mit der Page-ID 1234567890 in Bezug auf den DIV #header gegen die Datei datei-startseite.jpg getauscht. Alle anderen Seiten erhalten im #header den Hintergrund datei-sonstige-seiten.jpg angezeigt.

Wichtig ist, dass der Header mit dem zweiten Eintrag grundsätzlich in Bezug auf seinen Hintergrund definiert ist, damit bei der gewählten Page-ID eine sichtbare Änderung eintritt.

Wenn Sie im eigenen Design den Hintergrund Ihrer Jimdo-Page (das betrifft den BODY-Bereich) für eine bestimmte Seite austauschen möchten, müssen Sie die Syntax in Bezug auf die Page-ID anders aufbauen, nämlich

```
body#page-1019828263 {background: url(datei-startseite.jpg);}
body {background: url(datei-sonstige-seiten.jpg);}
```

Jimdo hat in diesem Zusammenhang übrigens die body-classes und -styles deutlich erweitert, sodass man bestimmte Seiten oder Seitentypen ohne die Ermittlung einer ID über den Seitentyp (und Template-individuell) direkt ansprechen kann.

Die volle Liste dieser Klassen und Styles finden Sie – dem jeweiligen Layout zugewiesen – in der Quelltext-Anzeige der Startseite Ihrer Jimdo-Page unterhalb des Tags <body class>.

9.11   Häufige Fragen zu CSS

Kann ich den CSS-Bereich auch ohne eigenes Layout verwenden?

Nein. Anders als den Bereich LAYOUT > EIGENES LAYOUT > DATEN verhält es sich im CSS-Reiter ebenso wie mit dem HTML-Bereich. Die hier hinterlegten Quellcodes können nur verwendet und angesteuert werden, wenn die Layoutschnittstelle (durch Abspeichern des CSS oder HTML unter LAYOUT > EIGENES LAYOUT) aktiviert wurde.

Welche Möglichkeiten bestehen, um CSS-Code in meiner Jimdo-Page bereitzustellen?

Neben der Layoutschnittstelle haben Sie die Möglichkeit, CSS-Informationen entweder

■ direkt in einem HTML-Auruf *mitzuliefern* (siehe *vorangegangenes Kapitel »HTML im Content punktuell einsetzen«*) oder

■ diesen im <Head> Ihrer Jimdo-Page über den Bereich EINSTELLUNGEN > HEAD BEARBEITEN zu hinterlegen oder

■ Mobile Ansicht

Bei Jimdo-Seiten und in der Verwendung des Jimdo-Designs ist die Mobilversion der Seite (also eine automatische, für das Lesen auf Mobiltelefonen optimierte Ansicht) bereits aktiviert.

Für die Anlage und Verwendung einer individuellen Mobilen Ansicht im Rahmen der Verwendung des EIGENEN DESIGNS über die Designschnittstelle habe ich Ihnen nachfolgend eine kostenlose Videoanleitung hinterlegt.

Kapitel 10

Links und Video-Tutorials

Abschließend möchte ich noch einmal fremde und eigene Links sowie einige kostenlose für die Leser dieses Buches aufbereitete Hilfen zusammenfassen. Alle Links auch unter *www.jimdo-handbuch.de/links*.

Video-Tutorials > www.jimdo-handbuch.de/videos

Hier finden Sie kostenlose Video-Tutorials des Autors

- Jimdo-Starter-Lehrgang (2h 6min)
- Mobile Jimdo-Designs (23 min)
- Newsletter mit Mailchimp erstellen (40 min)

Jimdo-Templates aussuchen > www.jimdo.design

Auswahlhilfe für das optimale Jimdo-Design zu Ihrem Projekt. Gebaut vom Jimdo-Team.

Mailchimp > www.mailchimp.com

Großartiges Newsletter-Tool (derzeit Bedienung nur in Englisch), das sich optimal mit Jimdo kombinieren lässt und Online-Marketing schnell greifbar macht.

Shipcloud > www.shipcloud.io

Mit Shipcloud direkt aus Jimdo heraus Versandmarken kaufen und ausdrucken und Kunden Sendungsverfolgung bieten.

Pambill.de > www.pambill.com

Optimale Rechnungsgenerierung und Versand direkt aus dem Jimdo-Shop heraus. Sehr zeitsparend und übersichtlich.

Index

Michael Keukert
Tobias Kollewe

MailChimp

Das Praxis-Handbuch
E-Mail-Marketing für B2B und B2C

Vom Setup des Accounts über die Newsletter-Gestaltung bis zur Erfolgskontrolle

Anlegen von Adresslisten, Gruppen und Segmenten, Import und Export von Listen, Aufsetzen von Kampagnen sowie Newsletter-Versand inkl. A/B-Tests

Zahlreiche Schritt-für-Schritt-Anleitungen und wertvolle Praxistipps für erfolgreiches E-Mail-Marketing

MailChimp ist einer der weltweiten Marktführer im Bereich der E-Mail-Marketing- und Newsletter-Software und ist für jeden geeignet – ganz unabhängig vom Einsatzgebiet: Unternehmen, Organisationen, Blogger und private Anwender können MailChimp kostenlos zum Versand von Newslettern und Transaktionsmails nutzen.

Mit diesem Praxis-Handbuch erhalten Sie eine leicht verständliche praxisnahe Einführung in MailChimp mit zahlreichen Schritt-für-Schritt-Anleitungen. Fortgeschrittenen Nutzern dient das Buch als praktisches Nachschlagewerk mit umfangreichem Stichwortverzeichnis.

Neben einer grundlegenden Einführung in E-Mail-Marketing und Newsletter-Versand behandeln die Autoren detailliert alle Themen, die für die Arbeit mit MailChimp eine Rolle spielen:

Nach dem Setup des Accounts erfahren Sie, wie Sie Listen für Ihre E-Mail-Adressen erstellen und diese effizient verwalten. Ausführlich und Schritt für Schritt wird beschrieben, wie Sie die Anmeldeformulare und die Benutzeroberfläche so überarbeiten, dass sie den Anforderungen an modernes E-Mail-Marketing optimal gerecht werden.

Nachdem die Grundsteine gelegt sind, geht es um das Design und den Versand Ihrer Newsletter: Die Autoren zeigen, welche Templates und Inhaltselemente Ihnen für die Gestaltung zur Verfügung stehen. Des Weiteren erfahren Sie, wie Sie einzelne Kampagnen aufsetzen, versenden und mittels Statistiken und A/B-Tests den Erfolg Ihrer Newsletter kontrollieren.

Für den fortgeschrittenen Einsatz gehen die Autoren am Ende des Buches auf Webhooks und Goals, die API-Programmierung und MailChimp-Apps ein.

ISBN 978-3-95845-248-0

Probekapitel und Infos erhalten Sie unter:
www.mitp.de/248

Ralf Wolf

Joomla! 3.5
Praxiswissen für Einsteiger

Einfache Erklärungen zum beliebten Content-Management-System

Sofort in die Praxis einsteigen

Keine Vorkenntnisse nötig

Mithilfe des kostenlosen Content-Management-Systems Joomla! lassen sich moderne Websites mit wenig Aufwand erstellen und betreiben. Ralf Wolf führt Sie in diesem Buch Schritt für Schritt und anhand vieler erklärender Screenshots zu Ihrer eigenen Homepage.

Der Autor erklärt die Installation des CMS auf einem Webserver, die Verwendung und Anpassung von Templates, das Einstellen verschiedener Inhalte wie Texte oder Bilder sowie den Aufbau einer sinnvollen Seitennavigation. In einem weiteren Teil geht er auf die Grundlagen der Suchmaschinen-optimierung ein, zeigt Erweiterungen und wie Joomla! aktualisiert oder Ihre Website mehrsprachig wird.

Zusätzlich demonstriert Ralf Wolf, wie Joomla! funktioniert, wenn Provider wie 1&1 oder Strato Joomla! im Paket anbieten.

Aus dem Inhalt:
- Installation und Anmeldung
- Empfohlene
- Erweiterungen
- installieren
- Kategorien anlegen
- Beiträge einstellen
- Kontakte erfassen
- Menü aufbauen
- Templates installieren
- Templates anpassen
- Seite online stellen
- Provider mit Joomla! im Paket
- Suchmaschinenoptimierung
- Benutzerverwaltung
- Komponenten nutzen
- Mehrsprachige Websites
- Datensicherung
- Updates

ISBN 978-3-95845-347-0

Probekapitel und Infos erhalten Sie unter:
www.mitp.de/347